궁금해요!
기자가
사는 세상

궁금해요! 기자가 사는 세상

초판 1쇄 발행/2009년 6월 15일
초판 8쇄 발행/2019년 6월 23일

지은이/이상호, 전혜윤, 임세진
펴낸이/강일우
책임편집/천지현
펴낸곳/(주)창비
등록/1986년 8월 5일 제85호
주소/10881 경기도 파주시 회동길 184
전화/031-955-3333
팩시밀리/영업 031-955-3399 · 편집 031-955-3400
홈페이지/www.changbi.com
전자우편/ya@changbi.com

ISBN 978-89-364-5801-0 43300
ISBN 978-89-364-5992-5(세트)

궁금해요! 기자가 사는 세상

직업 탐색 보고서 ● 기자

기자 이상호 지음

학생 전혜윤 · 임세진

창비

꿈을 향한 십대들의 인터뷰

중학생 시절은 인생의 어떤 과정을 지나는 시기일까? 동화적인 세계에서 막 벗어난 이 시기는 세상에 점차 눈떠 가며 자신의 미래에 대한 생각도 부쩍 많아지는 때이다. "○○이 되고 싶어." 혹은 아직 그런 결심은 없지만 조금씩 자아에 눈을 뜨며 "나중에 커서 무엇을 할까?" 하는 현실적인 고민을 진지하게 시작했을 수도 있다. 어느 날 진로를 결정했다가 그다음 날에는 바로 마음이 흔들리기도 한다. 십대는 어린이가 어른으로 성장하는 시기로서 심리적으로 급격히 불안정해질 수 있다는 임상적 보고도 있다. 때론 '인간이란 무엇인가'라는 문제를 생각하기도 하고, 자기모순에 눈을 뜨기도 하면서 성장통을 겪는 시기인 것이다.

이런 민감한 시기에, 그리고 앞으로 어떤 일을 하며 살아가면 좋을지 진지한 고민이 시작될 때, 미래의 직업에 대한 탐색은 교과 공부에 밀려 제쳐 둘 수 없는 중요한 일이 아닐 수 없다. 직업에 대한 바른 '정보'는 인생을 살아가기 위한 지도와 같은 것이기 때문이다. 자기에게 가치 있는 정보는 바닷가의 모래알 하나보다 작고 손에 쥐기 어려울지도 모른다. 하지만 자신을 100퍼센트 살릴 일을 찾기 위해서는 이런 정보를 찾는 노력을 게을리할 수 없다. 필요한 정보를 찾고 자기 안에 쌓아 두는 기술은 세상을 지혜롭게 살아가는 데도 소중하다. 그런데 대부분의 학생들은 어떤 직업이 우리 사회에서 구체적으로 무슨 일을 맡고 있는지, 어떻게 그 직업인이 될 수 있을지 정확하고 상세한 정보를 얻기가 매우 어려운 실정이다. 이런 상황에 처한 십대에게 '살아가는 의미'와 '진로'를 진지하게 고민해 볼 수 있는 책이 필요하다고 판단하고 '직업 탐색 보고서'를 기획하게 되었다.

이 시리즈에는 무슨 정보를 어떤 형식으로 담았을까?

첫째, 중학생들이 각 분야 전문가를 직접 인터뷰한 내용을 알기 쉽게 정리했다. 창비에서는 2008년 여름방학 때 직업을 탐색해 보는 드림캠프를 열었다. 이때 참가한 학생들 가운데 인터뷰를 희망하는 중학생을 선발했으며, 인터뷰어로 뽑힌 학생들 자신이 만나보고 싶은 사회의 저명 직업인을 직접 찾아가 궁금한 것을 물어본 것이다. 인터뷰 속에는 현재의 삶에 만족하는지부터 전문가가 되기 위해 무엇이 필요한지 등 해당 직업에 대해 학생들이 정말 궁금해하는 것을 담았기 때문에 질문이 소박하지만 현실적이다. 학생들 앞에 앉은 해당 직업의 종사자들은 하나하나 쉽게 답변하려 애썼기 때문에 책을 읽는 학생들이 "아, 그런 점이 있구나." 하고 고개를 끄

덕일 대목이 적지 않다. 이 시리즈를 읽을 청소년들은 질문을 던지는 학생과 함께 전문가들이 무슨 생각을 하고 있는지 귀 기울여 들으며 자기에게 필요한 정보를 뽑아 체크하면서 읽으면 좋을 듯하다.

둘째, 전문가들이 인터뷰에서 못다 한 중요한 이야기를 글을 통해 자상하게 들려준다. 학생들과의 대화 속에 미처 담지 못했던 해당 전문 분야에 대한 설명, 직업인으로서 세상을 보는 관점, 해당 직업에 대한 진지한 생각 들이 담겨 있다. 학생들이 엉터리 정보를 믿고 걸어가면 길을 잃을 수도 있기 때문에 바르고 상세한 정보를 들려주기 위해 각별히 노력한 부분이다.

셋째, 학생들이 해당 직업에 대해 좀 더 알아보는 탐구 활동을 수록했다. 인터뷰에 참여한 학생들이 직접 기사를 써 보거나 현장을 기록하고 관련 분야를 체험해 볼 수 있는 기회를 마련했다. 이 책에 소개된 활동은 다양한 직업 체험의 작은 일부일 뿐이며, 이 책을 읽는 독자들 스스로 참여할 수 있는 캠프나 봉사 활동을 찾아 실천해 보면 좋겠다. 뒤에 붙은 부록에는 해당 분야와 관련된 영화나 책 등 도움이 될 만한 자료를 모아 엮었다.

우리 사회의 다양한 직업들을 직접 탐색해 보는 이 시리즈를 통해 십대들이 스스로 미래를 위한 정보를 수집하고 자신의 인생을 만들어 나가기를 바란다.

2009년 6월 '직업 탐색 보고서' 기획위원회

현장 출동!

07:00

출근 _ 정부중앙청사 국무총리실

이상호 기자의 아침은 국무총리실과 통일부가 있는 이곳에서 시작됐다. 국무총리실의 브리핑을 듣고 통일부의 움직임을 살피면서 스트레이트 기사를 날린다.

12:00

이동 _ 회사로

감사원에서 나와 MBC로 가는 길. 오전에 나간 기사에 추가 취재를 더해 9시 「뉴스데스크」에 보도하기로 했다. 카메라 기자, 오디오 담당, 취재 차량을 요청하면서 취재 나갈 장소를 섭외하는 등 기자의 휴대전화는 쉴 틈이 없다.

11:00

기사 쓰기 _ 감사원 기자실

감사원으로 자리를 옮겨 12시 「MBC 뉴스와 경제」에 나갈 기사를 쓴다. "시간에 맞춰 뉴스에 나갈 기사를 보내는 것은 만날 하면서도 스트레스예요. 이게 잘못되면 방송 사고니까요." 기사를 쓰는 와중에도 마감 독촉 전화가 여러 번 울린다. 다 쓴 기사를 소리 내어 읽어 보며 틀린 부분이 없는지 확인, 전화로 기사를 리포트한다.

12:30

점심 식사

회사 도착. 취재팀과 약속한 시간은 1시다. 금강산도 식후경이라는데, 식사는 구내식당에서 빠르게 해결했다. 오늘 메뉴는 비빔밥.

13:17

이동 _ 취재 장소로

오늘 취재 나갈 장소는 용인에 있다. 기자는 가는 틈틈이 추가로 취재할 장소가 없는지 섭외하느라 분주하다. 휴대전화에 저장되어 있는 번호의 개수만 약 1400개 정도란다.

15:00

취재하기② 보도 장면 촬영

인터뷰 장면을 촬영하고, 현장 동영상 촬영에 필요한 기사를 작성한 다음, 보도 장면을 촬영한다.

14:30

취재하기① 인터뷰

이번 취재는 MBC, KBS, SBS 공중파 방송 3사 모두 같은 장소를 선택했다. 그러니 다른 방송사와는 다른 장면을 찾고, 주요 내용을 예리하게 짚어 내는 것이 이번 취재의 중요한 부분이 될 것! 좋은 화면을 카메라에 담기 위해서라면 철조망 틈 사이로 몸을 비집고 들어가는 수고도 아끼지 않는다. 관계자 인터뷰를 하면서 「뉴스데스크」에 나갈 내용을 하나하나 채운다.

– 철조망을 통과해 올라간 언덕에서 촬영할 장면을 의논하는 이상호 기자와 카메라 기자.

15:30

이동 _ 다시 회사로

19:37

전달하기② 편집 _ 편집실

낮에 찍은 것과 더빙실에서 음성 녹음한 것을 가지고 편집 기사와 기사 순서에 맞게 오디오 편집을 하고, 거기에 찍어 놓은 동영상을 입힌다. 앗! 녹음 내용과 만들어 둔 영상 그래픽의 순서가 다르다!

16:40

기사 쓰기 _ 보도국 기자실

오늘 취재하고 촬영한 내용을 바탕으로 전체 기사를 작성해 데스크의 결재를 받는다.

18:00

저녁 식사

19:24

전달하기① 녹음 _ 보도더빙실

녹음 부스에 들어가 보도할 기사를 읽는다. 음성을 녹음하는 것이다. 혼자서 기계를 조작하며 완벽하게 테이프에 녹음될 때까지 여러 차례 녹음 과정을 거친다.

– 기계를 조작하는 모습.

– 기사를 녹음하는 모습.

20:45

테이프 넘기기 _ 보도조정실
완성된 테이프를 보도조정실로 가
져간다. 때에 따라 뉴스 도중에 테
이프가 넘어가기도 한단다.

– 테이프를 들고 보도조정
실로 가는 이상호 기자.

– 보도조정실. 이곳이 뉴스
진행을 총괄하는 곳이다.

19:52

전달하기③ 편집 _ 보도CG실, 편집실
음성에 맞게 영상 그래픽을 수정하기
위해 보도CG실로 go go! 다시 편집
실로 돌아와 편집 기사와 수정한 영상
그래픽으로 편집하고, 자막을 입힌다.

– 영상 그래픽을 수정하
는 모습.

– 화면에 나갈 자막을
만드는 모습.

21:00

MBC 뉴스데스크
이상호 기자가 취재한 뉴
스는 9시 30분경에 1분
20초 동안 보도되었다. 1분
20초를 위한 하루가 끝나
는 순간이다.

|**1**부|

이상호 기자를 인터뷰하다

_1_
기자 생활에 대해
질문 있습니다

● 신문기자나 방송기자가 발로 뛰는 일이라서 육체적으로 아주 힘
들 것 같은데 몸 관리는 어떻게 하세요?

(웃음) 이 질문에는 잘못된 전제가 한 가지 깔려 있는데요. 추측
에 근거한 질문이라고 생각해요. 과거에 알던 기자들의 이미지에
근거해서 지금도 그럴 거라는 추측으로 물어본 거죠. 요즘 기자들
은 그렇게 많이 안 뛰어다닙니다. 옛날에는 정보 통신 기술이 발달
하지 않아서 직접 가서 묻고 자료를 찾고 확인했지만, 지금은 이메
일로 제보를 받고 인터넷이나 팩스나 전화를 이용해 충분히 취재할
수 있어요. 사진 자료나 동영상도 다 받아 볼 수 있고요.

제가 기자 생활을 처음 시작했을 때는 지금처럼 인터넷을 활용하지 않아서 뭐 하나를 알아보려면 말씀하신 대로 정말 발로 뛰어다녔어야 했죠.

이를테면 이런 식이죠.

전혜윤이라는 청소년이 세계양궁선수권대회에서 갑자기 나타나 1등을 했는데, 이 친구가 아마추어예요. 알려진 선수가 아닌 거지요. 숙명여자중학교에서 취미로 혼자 양궁을 쏘다가 자기 돈으로 세계양궁선수권대회까지 나갔는데, 글쎄 1등을 한 거예요. 요새는 인터넷으로 쉽게 알아볼 수 있지만 그때는 직접 물어보러 다녀야만 했지요. 먼저 숙명여중에 가서 교감 선생님한테 MBC 무슨 기자인데 어떤 목적으로 취재하려고 하니 그 학생에 대해 알려 달라고 하죠. 만약 사생활 보호를 이유로 취재를 거부하면, 서울시 교육청에 직접 가서 학적 기록 같은 자료를 열람할 수 있다는 허락을 문서로 받아 가지고 다시 숙명여중에 가는 거죠. 그러면 학교에서 "아, 서류 가져오셨군요. 한번 볼까요? 전혜윤, 어, 양궁 우리 학교에서 했네요." 하며 비로소 알려 주는 거예요.

"공부는 잘했나요?"

"성적은 별론데요. 공부는 못하고 활만 쐈어요."

"그럼 혹시 전혜윤 양 사진 좀 구할 수 있을까요?"

"여기에 붙어 있는데요."

"그건 흑백이라…… 혹시 컬러사진을 구할 수 없나요?"

옛날에는 학적부에 흑백사진만 있었거든요.

"집에 한번 가 보시죠."

그러면 집 주소를 알아보고 직접 방문하지요. 만약 혜윤 양이 이사 갔다고 하면 동사무소에 가서 어디로 이사 갔는지를 알아보고 다시 찾아가는 거예요. 당시에는 정말 발로 취재를 해야 했죠. 신발도 자주 떨어지고 옷의 단추도 하나둘 없어지고, 그때는 정말 그랬어요.

그런데 요즘에는 전혜윤을 인터넷에서 검색해 보면, 미니홈피도 있고 각종 자료들이 인터넷에 무궁무진하게 올라와 있어요. 미니홈피에는 그 사람을 알 수 있는 다양한 정보들이 넘쳐 나고 양궁 쏘는 사진이나 재미있는 동영상까지 올라와 있기도 합니다. 그러니까 충분히 앉아서 이런저런 사실들을 알아볼 수 있어요.

그래도 체력은 중요합니다. 취재에는 끈질긴 지구력이 필요하기 때문이죠. '양궁 신데렐라 전혜윤, 그의 16세 일대기!' 그런 기사를 써야 한다면 정말 많은 자료가 필요할 테지요. 100가지 질문에 대한 100가지 대답을 알고 있다고 합시다. 보통 대답 하나는 사실 하나로 이루어져 있는데요, 예를 들어, 키가 160센티미터라는 것과 학업에 별 관심이 없던 터에 무작정 양궁에 끌려 활을 쏘기 시작했다는 것, 이런 하나하나를 사실, 즉 팩트(fact)라고 부릅니다. 100가지 팩트를 알고 있는데 마지막 팩트 하나가 확인이 안 된다고 합시다. 100번째 팩트는 전혜윤의 남자 친구에 대한 것인데, 그 친구 이름이 이상호라는 것밖에는 몰라요. 왜, 사람은 그 친구를 보면 알 수 있다는 말이 있잖아요. 이상호라는 학생이 어떤 친구길래 전혜윤이 그 친구를 좋아하는지 궁금해지겠지요? 그런데 아무리 인터넷을 검색하고 전화를 해 봐도 이상호가 찾아지질 않는 거예요. 마감 시간도 얼마 안 남았고, 여기까지 취재하느라 몸과 마음이 지쳐서 대충 넘어가게 될 수도 있겠지요. 보통 기자들은 여기서 그만둡니다. 하지만 끈기와 지구력이 강한 기자는 마지막까지 현장 취재를 포기하지 않습니다. 이상호 군의 집에 직접 가 본 기자는 이상호라는 학생이 부모님이 안 계신 가운데 동생까지 돌보고 있는 한쪽 팔이 없는 소년임을 알게 됩니다. 어려운 환경에서도 열심히 살아가며 남까지 돕는 훌륭한 학생이었지요. 그러면 기자는 전혜윤에 대해서 아주 중요한 사실을 새로 알게 된 겁니다. 이런 기사가 나오겠지요. "……이렇듯 전혜윤 선수는 연습 벌레입니다. 한국 양궁을 짊어지고 나갈 유망주지요. 특히 그녀의 남자 친구를 볼 때 전 선수는 겉모습으로 사람을 판단하기보다는 사람의 따뜻한 마음을 더 소중하게 생각하는 사람이었습니다." 물론 지어낸 이야기지만, 실제로 취재 과정에 이런 일이 많답니다. 혹시나 하고 마지막으로 물어본 질문 덕에 하마터면 오보가 될 뻔한 기사를 쓰지 않은 적도 있습니다.

'사운드 바디, 사운드 마인드'(sound body, sound mind)라는 말 들어 봤죠? 건강한 몸에서 건강한 정신이 나온다는 뜻인데, 정말 맞는 말 같아요. 체력이 약하면 게을러져서 자꾸 쉬고 싶거든요. 몸이 건강해야 끈기를 발휘할 수 있습니다. 요즘은 사무실에 앉아서 기사를 쓸 수 있는 시대지만 현장 확인은 여전히 중요합니다. 건강해야 현장에 가서 확인할 수 있는 성실성이 나옵니다. 건강해야 직접 현장에 나가 마지막까지 중요한 사실을 하나 더 확인할 수 있는 체력과 인내심이 나옵니다. 그만큼 건강이 중요하다고 생각해요. 건강은 건강할 때 지키라는 말이 있잖아요? 저는 운동을 별로 좋아하지 않았는데요, 요즘 체력이 많이 약해져서 뒤늦게 운동을 하고 있습니다. 학교 다닐 때 움직이는 걸 안 좋아했거든요. 그게 좀 후회가 됩니다. 학생 때 책을 읽고 공부하는 것도 중요하지만, 자기가 좋아하는 스포츠 한두 가지를 깊이 있게 배우고 즐기는 것도 좋다고 생각합니다.

● 신문기자와 방송기자의 차이는 뭐예요?

말 그대로 신문기자는 신문을 만드는 기자고, 방송기자는 방송을 만드는 기자죠. 그렇다면 신문과 방송이 어떻게 다른지를 먼저 알아봐야겠죠. 방송도 종류가 여러 가지 있는데, 제가 주로 하는 텔레비전 방송을 중심으로 얘기할게요. 드러난 결과는 많이 다르지만, 사실 신문과 방송은 비슷한 점이 참 많답니다.

기사를 쓰는 과정은 먼저 머릿속으로 어떤 기사를 쓸까 생각하는 '기획' 단계부터 시작해요. 두 번째로는 기획한 바를 현실 속에서 건져 올리는 '취재' 단계가 있고, 그다음에 그 취재를 바탕으로 기사를 '작성'하는 단계, 그다음 '전달'하는 단계가 있어요. 크게 네 단계지요.

실제 예를 들어 볼까요.

여기 세진이의 패션 스타일에 대해서 알아보고 싶어요. 세진이가 좋아하는 옷과 색, 취향, 그런 걸 파헤쳐 보고 싶은 거지요. 이건 내가 머릿속으로 무엇을 취재할까 생각하는 기획 단계죠. 이때 내가 그냥 세진이의 패션에 대해서 취재하겠다고 마음만 먹으면 될까요? 그것만으로 안 돼요. 왜 세진이의 패션에 대한 기사를 쓰고 싶은지 설명할 수 있어야 합니다. 기획 단계에는 만족시켜야 할 이유가 많답니다. 기획의 시의성과 보편성과 함께, 왜 그 기사를 써야 하는지에 해당하는 정당성에 대한 질문에 답할 수 있어야 해요. 하필이면 왜 세진이를 취재해야 하는지, 그나저나 취재가 가능하기는 한지, 가능하다면 어떻게 취재해서 기사화할 것인지, 왜 지금 패션을 얘기하는지…… 자기가 쓰고자 하는 기사에 대해 확신이 없으면 결국 이 기획 과정에서 그 기사는 사라지고 맙니다. 기획을 제대로 못 하는 기자는 맨날 위에서 쓰라고 내려오는 기사만 쓰다가 볼일 다 보는 거지요. 나는 무슨 기사를 쓰고 싶은지 지금부터 준비하는 자세가 필요합니다. 많이 읽고 많이 쓰다 보면 저절로 '나는 이런 이야기를 하고 싶다.' '아, 저건 무얼까? 알아보고 싶다.' 같은 생각들이 샘솟게 되니까 걱정하지 마세요. 이렇게 기획 단계에서는 신문이나 방송이나 별 차이가 없어요.

그다음 취재 과정부터 신문과 방송은 가는 길이 달라지지요. 신문기자는 기사를 글로 쓰니까 필요한 정보 중 1차원적 자료가 많습니다. 기사를 쓰고 나서 세진이가 옷을 입은 사진이라든가 세진이의 옷장 사진 같은 자료를 추가하죠.

그러나 방송은 달라요. 방송을 하려면 먼저 인터뷰를 해야 해요. 인터뷰를 촬영하고 녹음해야 하죠. 인터뷰할 때 질문의 순서나 배경, 조명도 세심하게 신경 써야 합니다. 패션에 대한 인터뷰를 하는데 쓰레기차 앞에서 할 수는 없겠지요? 그다음에 세진이가 옷을 고르는 장면이나 패션쇼에 가서 구경하는 모습 등 동영상 촬영이 많이 필요해요.

신문은 취재 현장에 가면 물론 좋겠지만 가지 않고 전화 통화만 해도 충분히 기사를 쓸 수 있어요. "세진이는 어떤 색깔을 좋아해?" "여름에는 어떤 옷을 입을 거야?" "보통 어디에서 사?" 이렇게 묻고 사실을 바탕으로 글을 쓰면 되는데, 방송은 실제로 어디에서 사는지 데리고 가서, 예를 들어, 주로 남대문에서 산다고 하면 남대문의 단골 가게에 가서 옷 고르는 모습도 찍고 가게 주인 인터뷰도 하고 그래야 해요. 신문보다 훨씬 더 눈에 보이는 걸 염두에 두고 취재해야 돼요.

그리고 세 번째 과정이 기사 작성이죠. 기사 작성은 큰 차이가 없어요. 다만 신문 기사는 표현이 좀 더 문어적이고 방송은 구어적이죠. 문어랑 구어의 차이를 알아요? 글말을 문어라고 하고, 입말을 구어라고 하잖아요. 좀 전에 혜윤이가 "안녕하세요. 저는 숙명여중에 재학 중인 전혜윤이에요."라고 했죠? '재학 중'이라는 말이 전형적인 글말이에요. 문어적인 표현이죠. 글로 쓰는 말을 입으로 말하면 느낌이 달라져요. 어색하죠. 마찬가지로 입으로 하는 말인데 글로 쓰여 있으면 느낌이 좀 다르지요. 방송에서는 "지금 보시는 장면은 세진 양이 옷을 고르기 위해서 남대문에서 쇼핑하는 모습입니다." 하면서 실제로 말하는 것처럼 하잖아요. 하지만 신문에서는 '세진 양이 선호하는 복장은 어떤 복장……' 하고 글로 풀어 가죠. 매체가 방송이냐 신문이냐에 따라 말도 조금씩 달라지는 것을 알 수 있겠지요.

그런데 재밌는 것은 요즘은 신문에서도 입말을 쓰기 시작했어요. 신문도 '숙명여중에 재학 중인 전혜윤 양은'이라고 하기보다는 방송에서 쓰는 것처럼 '숙명여중에 다니는 전혜윤 양은'이라고 많이 써요. 요즘 사람들 표현이 글말에서 입말로 바뀌었기 때문이지요. 물론 방송 기사에는 기자의 기사 외에도 현장음이나 인터뷰 등이 생생하게 들어갑니다. 뭐, 신문도 이런 생생 기사 작성법을 많이 따라 하고 있지요.

그리고 마지막 과정이 남았죠? 기사를 전달하는 단계. 여기서 아주 결정적으로 달라집니다. 신문에는 기사의 중요도에 따라 지면이나 위치를 정하고 제목을 뽑거나 그래픽을 넣는 등 다양한 편집 과정이 있지요. 이 단계는 책을 만드는 과정과도 같은데, 취재 기자들이 직접 편집하는 몇몇 신문사를 제외하고는 대부분 전문적인 편집 기자들이 담당합니다. 편집 과정을 거친 지면은 인쇄소로 넘겨져 엄청나게 빠른 속도로 찍혀 신문으로 나옵니다. 신문 수십만 부가 전국의 신문사 지국으로 넘겨져 사람을 통해 일일이 배달됩니다.

이처럼 신문은 평면적 편집 과정을 거치는 반면, 방송은 이때부터 본격적인 일이 시작됩니다. 방송기자의 기사가 취재 데스크(기사 검토 책임자)의 결재를 받으면, 기자는 녹음 부스에 들어가 그것을 읽습니다. 녹음하는 거지요. 그리고 녹음된 테이프를 가지고 편집실로 들어가 기사와 인터뷰, 현장음을 섞어 오디오 편집을 완료합니다. 오디오 편집이 끝나면 거기에 촬영해 온 동영상을 입히는 비디오 편집 과정을 거칩니다. 여기까지 완성되면 이번엔 후반 작업을 해야 합니다. 자막이나 컴퓨터 그래픽(CG)이 가미되지요. 방송 기사와 신문 기사의 전달 면에서 가장 다른 것은 생방송 뉴스 프로그램이죠. 앵커가 진행하는 생방송 뉴스 프로그램을 통해 동시에 수백만 명 이상의 시청자들에게 퍼져 나가는 전파력이 바로 방송 기사의 생명력이라고 할 수 있어요.

신문과 방송은 모두 기사 기획·취재·기사 작성·전달이라는 네 단계를 거치지만, 취재와 전달 단계에서 신문기자와 방송기자가 하는 일이 결정적으로 달라지지요? 취재 과정이 조금 다르기는 하지만 분명히 기사 작성 단계까지는 서로 똑같은 기자라고 생각되는데, 마지막 전달 과정에 접어들면 방송기자들은 내가 언론인인지 연예인인지 헷갈린다고 할 때가 있어요. 기자인지 방송인인지 헷갈린다는 거죠. 실제로 요즘은 방송기자들이 교양 프로는 물론이고 예능 프로에도 출연하잖아요? 이런 현상은 점점 더 많아지고 있어요.

과거에는 사람들이 전달의 중요성을 잘 몰랐어요. 신문의 글말식 기사 쓰기 방식이 방송의 입말식 기사 쪽으로 변하고 있는 것처럼 방송기자의 기사 전달도 옛날 기자들이 하던 방식에서 요즘 방송인들이 말하는 방식으로 변하고 있어요. 나중에는 기자들이 연예인처럼 방송하게 될 가능성이 많다고 저는 생각해요.

사실 '앞으로 어떻게'는 여러분이 답을 가지고 있어요. 기자들은 어떻게 하면 더 효과적으로 전달할 수 있을까, 어떻게 하면 뉴스가 쏙쏙 잘 들릴까 하는 고민을 많이 하거든요. 그런데 아저씨만 해도 나이 든 기성세대이기 때문에 많이 새로우면 혹시 너무 파격적인 건 아닌가 걱정이 앞서거든요. 지금은 아나운서나 앵커나 기자가 나와서 "정부는 오늘 대책 회의를 열어 다음과 같이 발표했습니다."라고 딱딱하게 얘기하잖아요? 그런데 이걸 코미디처럼 재미있게 할 수는 없을까요? "오늘 정부에서 무슨 새로운 일이 있었쩌~여?" "글쎄요." 개그맨이랑 함께 나와서 이렇게 「무한도전」처럼 해 볼 수도 있겠죠. 저희 세대에 그런 시도를 하기는 좀 어렵겠죠. 하지만 여러분들은 바꿀 수 있을 겁니다.

물론 지금까지 기사를 좀 더 효과적으로 전달하기 위한 숨은 노력도 많았습니다. 이를테면 2003년 가을, 제가 여러 동료들과 함께 기획해서 만든 「사실은」이라는 프로그램에서는 삼풍백화점 붕괴 사고를 재조명하기 위해 삼풍백화점 모형을 만들어 직접 실험해 보기도 했습니다. 인천 호프집 화재 사고의 원인을 알아보기 위해 스튜디오에서 당시 화재 상황을 재연해 보기도 했고요. 전달 효과를 높이려고 스튜디오에서 불을 피웠다가 출연진과 방청객들이 모두 스튜디오 밖으로 나가야 하는 해프닝도 있었습니다. 뉴스의 눈높이를 일반 시청자에게 맞추기 위해 뉴스 진행 패널로 시청자 대사를 임명하고, 대사로 임명된 개그맨을 출연시키기도 했지요. 하지만 모든 게 단기적인 시도에 그쳤을 뿐, 아직 우리나라 뉴스는 가야할 길이 멉니다.

많은 사람들이 무거운 시사와 뉴스를 좀 더 편하고 재미있게 쏙쏙 빨아들일 수 있는 방법은 무엇일까요? 여러분 세대에도 고민은 계속 돼야 합니다. 답은 바로 여러분에게 있습니다.

● 요즘은 뉴스를 진행하는 아나운서들이 예능 프로그램에 많이 나오던데 올바른 건가요?

그건 벌써 문화의 흐름이 됐습니다. 제가 '옳다, 그르다' 판단한다고 달라질 성격은 아니죠. 오랜 전통이 있는 클래식 장르들이 문턱을 낮춰 대중화된 예와 비슷합니다. 고전음악도 한동안 귀족들만 누릴 수 있었잖아요? 하지만 요즘에는 대중 속으로 다시 돌아오고 있지 않습니까? 팝 음악과 오페라가 결합한 '팝페라'가 그렇고요, 고전음악과 대중음악이 어우러지는 '크로스오버 음악'이 모두 대중의 기호에 맞춰 문화의 흐름이 변화된 예입니다. 아무리 훌륭한 예술도 대중이 관심을 갖지 않으면 있으나 마나인 거지요. 문화

현상은 모두 그것을 향유하는 대중에게 다가가기 위해 꾸준히 스스로 변해 왔답니다.

뉴스도 마찬가집니다. 뉴스의 주인은 기자가 아닙니다. 아나운서도 아니고 앵커도 아니에요. 뉴스를 보고 듣는 시청자, 청취자가 바로 주인입니다. 세상이 뉴스를 전달하는 공급자 중심에서 받아들이는 수용자 중심으로 변했기 때문입니다. 예전에는 공급하는 사람들의 권위와 권력이 너무 강해 그들이 뉴스 형태를 결정했지요. 하지만 요즘은 모든 걸 수용자가 결정합니다. 뉴스 시청자들이 지금처럼 다소 딱딱한 방식을 선호한다면 뉴스는 계속 그렇게 할 것입니다. 반면 「무한도전」처럼 해도 좋다'는 합의가 시청자들 사이에 형성되면 뉴스 형식도 그렇게 변할 거예요. 권력은 벌써 수용자에게 넘어간 상태입니다. 어떤 내용을 어떤 형식으로 전달받을지를 모두 시청자들이 결정하고 있습니다.

현재 기자들이 「무한도전」처럼 뉴스를 전달하지 않는 것은, 그렇게 전달하면 분명 관심은 더 높아지겠지만 신뢰성이 떨어질 거라고 우려하기 때문이에요. 더 구체적으로 말하면, 뉴스를 받아들이는 시청자들이 신뢰성 하락 때문에 그런 형식을 원치 않을 거라고 판단하고 있습니다. 만약 많은 시청자들이 뉴스가 예능 프로그램처럼 되기를 원했다면 벌써 바뀌었을 거예요. 물론 방송이 너무나 시청자들이 원하는 것만 따라간다면, 사람들을 자극하려고 지나치게 선정적인 뉴스가 넘쳐 날 수도 있습니다. 추측성 연예인 결혼 기사가 남발되는 등 바람직하지 못한 모습이 많아질 수 있겠지요. 하지만 이 또한 시청자들이 장기적으로는 원치 않을 것이기 때문에 잘 정화될 거라고 생각합니다. 또 방송기자들은 그들 나름대로 좋은 뉴스를 만들기 위해 노력해야겠지요. 다만 큰 흐름에서는 시청자들이 모든 걸 결정하는 '시청자 주권 시대'로 넘어왔다고 봐요.

● 그럼 개그맨도 아나운서 구실을 할 수 있나요?

충분히 할 수 있다고 생각합니다. 벌써 하고 계신 분들도 있고요. 매일 저녁 6시부터 8시까지 하는 라디오 시사 프로가 있어요. 「김미화의 세계는 그리고 우리는」이라는 프로입니다. 그날그날 뉴스를 전달하는 종합 뉴스 시사 프로그램이에요. 그 진행을 개그우먼 김미화 씨가 맡고 있어요. 벌써 5, 6년째 하고 있는데, 처음 시작할 때만 해도 정말 충격적인 일이었지요. 그 시간대는 뉴스 앵커나 전문 PD가 진행을 했거든요. 파격적인 시도였지요.

큰 이야기의 다발을 정보라고 할 때 그 많은 이야기를 하나씩 뽑아 전달하는 일을 예전에는 기자들이 담당했지요. 그들 쪽에 있던 무게추가 넘어간 겁니다. 아마 2000년 초반에 인터넷이 널리 보급되면서부터인 것 같아요. 저와 다르게 생각하는 사람도 있겠지만,

저는 뉴스 현장에 있는 사람으로서 그 과정을 지켜봤어요. 인터넷 시대로 넘어가면서부터 사람들은 누가 전달하는지를 덜 중요하게 생각하기 시작했어요. 사실 인터넷 시대 전에는 뉴스를 누가 전달하는지, '전달자'의 위치가 대단히 중요했거든요.

이런 변화가 생긴 것은 정보의 양이 많아졌기 때문입니다. 그전에는 정보의 양이 많지 않았습니다. 대형 언론사에 소속된 일부 기자들이 정부의 출입처를 통해 발표하는 기사만 유통됐기 때문에 뉴스의 절대량이 적었어요. 이야깃거리가 적었지요. 그래서 어느 신문사, 어느 방송국 기자가 입을 열면 어떤 뉴스가 나올 거라는 기대감이 있었어요. 일반인들은 뉴스에 접근할 수 있는 기회가 적었으니까요. 조선 시대에는 더 심했습니다. 이야깃거리가 '아주' 적었어요. 그때는 『옥류몽』 『춘향전』 같은 책이 흔한 게 아니었어요. 웬만한 집에서는 보기 힘들었지요.

그런데 요즘에는 어떤가요? 도처에 이야기가 넘쳐 나요. 이야기의 빅뱅 시대라고 할 만합니다. 인터넷에는 이야기가 무한대로 계속 만들어져 유통되고 있습니다. 기자도 많아졌어요. 옛날에는 기자가 몇 명 없었는데 지금은 수백, 수천 명이고, 심지어 전 국민이 기자가 되었어요. 미니홈피나 개인 블로그가 있어서 이것을 통해 누구나 자신이 작성한 기사를 사람들에게 전달할 수 있게 되었지요. 여러분도 원하면 모두 기자가 될 수 있답니다.

정보가 너무 많아졌기 때문에 좀 더 친숙한 누군가가 이것을 잘 전달해 주면 좋겠다는 기대가 사람들 사이에 생겨났어요. 인터넷이 보편화되고 불과 2, 3년 만의 일이었습니다. 2003년 말, 김미화 씨가 그 기회를 손에 넣게 된 겁니다. 지금은 없어진 「사실은」이라는 프로그램을 만들 무렵이었어요. 회의 결과, 우리는 김미화 씨를 더블 MC 중 한 사람으로 모셔 오기로 했어요. 그래서 제가 김미화 씨를 여의도에 있는 중국 음식점에서 만났어요. 자장면을 함께 먹으면서 말했죠. 「사실은」이라는 시사 프로그램의 MC를 맡아 보면 어떻겠냐고요. 그랬더니 김미화 씨가 라디오 프로그램 「세계는 그리고 우리는」의 단독 앵커를 제안받았다고 하더라고요. 그래서 "제가 제안한 프로그램은 공동 MC이고 그쪽 것은 단독 MC이니까, 단독 MC를 맡는 게 더 좋겠습니다." 하고 양보했어요.

이렇게 2000년대 초반에 뉴스 수용자 중심의 전달 양식 실험이 시작됐습니다. 그게 다양한 전달자가 필요한 것이고, 그래서 개그맨은 물론이고 다양한 사람들이 뉴스를 전달하게 될 겁니다. 지금은 그런 실험이 막 본격화되는 단계에 불과합니다.

일단 개그맨 뉴스 전달자가 많아질 거예요. 더 재미있으니까. 개그맨은 재미를 줄 뿐만 아니라 전달력이 뛰어난 사람입니다. 실제로 일본은 개그맨 뉴스 앵커가 몇 명 있어요. 미국은 시사 프로그램을 재밌는 이야기를 하듯 진행하는, 우리나라로 치면 개그맨 같은 사람들이 많아요. 한동안 우리나라도 그런 흐름을 따를 겁니다. 좋은 기자가 되기 위해 모두 언론사에 들어올 필요는 없습니다. 사회와 역사와 사람에 대해 올바른 인식만 가지고 있다면, 개그맨이 되는 게 더 빠른 방법일 수도 있습니다.

● 신문사, 방송사마다 보도 내용에 차이가 나는 이유는 뭐예요?

뉴스를 사람이 만들기 때문이지요. 만드는 사람마다 생각이 다르니 당연한 결과입니다. 과거 군사독재 시절에는 모든 신문과 방송의 뉴스가 똑같았어요. 신문사에 나와 있던 군인들이 '보도 지침'이라는 걸 통해서 각 신문의 1면 머리기사에서부터 사진, 사진 설명까지도 지시하던 때가 있어요. 방송도 마찬가지였지요. 심지어 어느 각도에서 찍은 영상은 방송에 내보내지 말라는 지시까지 있었답니다. 그런 게 이상하지, 다양한 기사가 여러 신문과 방송에서 제각기 보도되는 건 오히려 바람직하고 자연스러운 일이에요.

아까 모든 기사가 기획 단계를 거친다고 했어요. 어떤 기사를 취재할지 정하는 기획 단계에서 벌써 결판이 나는 거지요. 서로 다른 사람들이 서로 다른 기사를 쓰겠다고 기획하니까요. 그리고 같은 기사를 쓰겠다고 기획해도 기사 작성이나 전달 과정에서 많이 달라집니다. 동일한 사건을 언론사마다 어떻게 다르게 보도하는지 지켜보는 것도 아주 재미있지요. 용산 재개발 지역 화재 사건처럼, 어떤 신문은 경찰의 눈으로 사건을 보는 반면, 어떤 신문은 철거민 처지에서 뉴스를 쓰지요. 서로 다른 목소리가 골고루 어우러질 때 비로소 민주 사회가 되거든요. 물론 반목과 불만이 있을 수 있지만, 선택과 판단은 시민이 하는 겁니다.

● 월급을 받아요, 아니면 취재한 기사당 수당을 받아요?

저는 기사를 쓰는 건수당 돈을 받으면 좋겠어요. (웃음) 그러면 더 많이 받았을 텐데. 불행하게도 월급을 받아요. 월급쟁이예요. 하지만 일반 봉급생활자와는 다르지요. 자기 일에 대한 사명감이 무척 크기 때문에 월급에 연연하는 사람들이 많지 않습니다. 다른 직업과 비교해 볼 때 월급 수준도 그리 낮지 않답니다.

● 하루에 몇 시간이나 주무세요? 출퇴근 시간은 지켜지나요?

사람에 따라 잠자는 시간은 다르겠지요? 저는 평균 대여섯 시간 잡니다. 취재를 하다 보면 꼬박 밤을 새워야 하는 경우가 많은데, 요즘은 예전에 비해 잠을 충분히 자지 않으면 쉽게 회복되지 않는 것 같아요. 이제 나이를 먹었나 봐요. 기자의 출퇴근 시간은 일반

직장인과 조금 다릅니다. 더구나 요즘은 24시간 뉴스 시스템이 갖춰졌기 때문에 더욱 힘들어졌지요. 보통 아침 7시쯤 출근해 밤 9시쯤 퇴근합니다. 정부 출입처에 나가는 전형적인 취재기자들의 일상입니다. 출입처나 업무에 따라 출퇴근 시간은 천차만별입니다. 특히 경찰과 사건을 담당하는 사회부 기자의 경우, 대형 사건 사고가 발생하면 아예 현장에서 며칠씩 밤을 새워야 하는 경우가 많습니다. 출퇴근이 따로 없는 거지요. 그래도 과거에 비해 기자들의 일은 많이 줄고 있습니다. 기자가 되고 싶은 친구들은 겁먹을 필요가 없어요. 하겠다는 의지만 있으면 즐겁게 할 수 있답니다.

● 정치부, 연예부, 사회부 등 여러 부서가 있잖아요? 부서는 자기가 선택하나요?

꼭 그렇지만은 않아요. 부서는 인사를 통해 조직의 필요에 따라 정해집니다. 회사가 이 사람은 이 부서를 희망하지만 저 부서에서 일을 더 잘할 수 있다고 생각할 수 있잖아요. 본인의 의사가 잘 관철되지 않기 때문에, 어른들은 '인사'라는 말을 제일 무서워해요. 인사가 이뤄지기 직전까지 어디로 갈지 알 수가 없습니다. 물론 회사에서 개인의 적성을 고려합니다만, 그게 자기 희망과 꼭 일치한다는 보장은 없지요. 가고 싶은 부서가 있다면, 무엇을 잘해야 하는지 미리 알아보고 그쪽에서 원하는 적성을 잘 키워 나가는 게 좋은 방법일 겁니다. 미래는 결국 자신이 개척해 나가는 것이니까요.

제 경우에 연예부 기자를 한 적이 있는데 제가 원한 건 아니었어요. 아마 회사에서 제가 그쪽 일을 잘할 거라고 생각했나 봅니다. 지금은 정치부에 있는데, 이 또한 회사에서 제 적성을 고려한 결과라고 생각합니다. 보도국에는 지금 말씀드린 정치부, 연예부와 함께 경제부, 문화부, 국제부, 사회부 등이 있습니다. 이름에서 알 수 있듯 경제부는 경제 영역을 취재하는 부서인데, 이 안에는 재정금융팀과 산업팀이 있습니다. 사회부에는 정책팀과 법조팀, 사건팀이 있고요. 정치부에는 국회팀과 청와대팀, 정부 부처팀이 있습니다. 언론사마다 조금씩 다르지만 많은 뉴스가 정부에서 나오기 때문에 정부 조직을 닮았지요. 정부 말고 일반 국민을 상대로 취재하는 부서들도 있습니다. 기획특집팀, 탐사보도팀이 대표적 경우입니다. 그 밖에 MBC에는 「시사매거진2580」팀과 「뉴스후」팀이 있습니다.

_2_
기사는 어떻게 쓰나요?

● 연예인들의 열애설이나 결혼설 기사를 보면 사실이 아닌 추측이
  많은데 무슨 근거로 그런 기사를 쓰나요?

어려운 질문이네요. 어쩌면 책 한 권 분량만큼 긴 설명이 필요한
질문이군요.

사실이라는 게 무엇인지부터가 너무 어려운 얘깁니다. 사실이
무엇인지도 밝히기 어렵지만, 진실이 무엇인지를 밝히기는 더욱 어
렵지요. 그런가 하면 믿음은 무엇일까요? 쉽지 않은 이야깁니다.

이를테면 두 친구가 두어 시간 이야기하고 헤어져 집에 돌아왔
다고 해 봅시다. 그러면 각자 머리에 남는 것들이 있을 거예요. 사

실 두어 시간이면 정말 많은 얘기를 하게 되지요. 누가 어떤 오빠한테 편지를 받았다더라, 누가 시험을 봤는데 몇 점 나왔다더라, 누구네 엄마랑 아빠가 싸웠는데 곧 이혼한다더라…… 그런데 이런 것들은 사실상 떠도는 소문 같은 거예요. 확인되지 않은, 그냥 날아다니는 이야기들이죠. 그런 걸 일반적인 소문 혹은 정보라고 불러요. 정보는 세간의 이야기예요.

만일 이 이야기들을 토대로 여러분들이 학급신문이나 학교 방송에 나갈 기사를 쓴다고 해 봐요. 두 시간 정도 이야기한 것 중에서 기사로 정돈해서 쓸 만한 것들이 얼마나 될까요? 놀라운 것은, 실제 따지고 보면 별로 쓸 게 없다는 겁니다. 일반적인 이야기의 세계가 그렇습니다. 우리 대화 속에는 확실한 게 별로 없어요. '사실'이 부족합니다.

"누구네 엄마 아빠가 싸워서 이혼할지도 모른대." 하는 이야기는, 더군다나 그 아이의 엄마 아빠한테 직접 물어보지도 않았잖아요. 그냥 친구가 전한 내용이죠. 엄마 아빠의 싸움 얘기를 털어놓은 아이는 속상하니까 그냥 그런 일이 있었다고 얘기한 것일 테고, 친구가 그 아이 부모님의 얘기를 속속들이 다 아는 것도 아니잖아요. 정확히 언제 어떤 이유로 싸웠고, 지금은 어떤 사이인지 아무도 모르지요. 그런데도 "아무개 엄마 아빠가 이혼한대, 이혼할지도 모른대."라고 기사를 쓰면 우리가 흔히 흉보는 '추측성 기사'가 되는 겁니다. 남 흉보기는 쉬워도 자기가 잘하기는 참 어려워요.

　같은 학교에 다니는 '엄친아'가 수학을 몇 점 받았다고 하면 우리는 그런가 보다 하고 있는 그대로의 사실로 받아들이죠. 하지만 따져 보면, 그 학생이 몇 점을 받았다는 성적표를 본 적이 있나요? 만약에 누군가 성적표를 보여 줬다 하더라도 그 성적표가 진짜 성적표인지 아니면 35점인데 조작해서 95점으로 만든 건지, 정밀 감식을 통해 확인해 보지는 않았잖아요. 그러니까 성적표도 못 봤고, 설령 성적표가 있다 해도 그것이 진짜인지 가짜인지도 모르고⋯⋯ 게다가 당사자도 아닌 다른 친구에게서 그 친구가 몇 점 받았다는 걸 전해 들은 건데 함부로 교내 방송이나 신문에 쓸 수 있겠어요? 못 하죠.

　두 시간 동안 얘기한 것들 중에서 학급신문이나 교내 방송에 쓸 기사도 몇 줄 못 건지는데, 전 국민을 상대로 하는 방송이나 신문에 기사를 쓰려면 얼마나 어렵겠어요?

　현장에 있는 기자들은 항상 많은 얘기를 들어요. 친구들 모임에 나가면 밤새 얘기를 듣죠. 친척들 모임에 가도 많은 말씀을 듣고요. 그런데 훈련된 기자들은 그 이야기들 속에서 사실과 그냥 이야기, 진실과 믿음을 구분하면서 들어요. 그게 직업적으로 남의 말을 듣는 기자의 중요한 덕목이에요.

　추측성 기사가 나오는 것은 이런 이유 때문입니다. 물론 추측성 기사 중에서 상당수는 당사자들이 거짓말을 하는 경우일 겁니다. 연예인들이 결혼한다고 하면 사업상 불리하거나 생활에 불편한 점이 있기 때문에 결혼하기 직전까지 비밀로 부치고 싶어서 거짓말을 하는 경우가 많아요. 그래서 사실인데도 추측성 기사라고 욕을 먹는 경우가 적지 않습니다. 하지만 추측성 기사들은 대부분 사실 확인이 부족한 가운데 그야말로 추측으로 기사를 쓴 경우입니다. 추측이란, 그럴 것이라고 '미루어 생각하는 것' 아니겠어요? 사실이 아니라, 자기가 그럴 거라고 '믿는 바'를 적은 겁니다. 물론 기자는 항변할 수 있겠지요. 그렇게 믿은 데 상당한 이유가 있었다고요. 하지만 100가지 이유가 충족됐다고 해도 한 가지 이유 때문에 사실이 아니면 아닌 겁니다. 아닌 건 아닌 거니까요. 살인 용의자의 집에서 피에 젖은 흉기가 나왔다고 해도 그 사람이 살인범이라고 단정할 수는 없어요. 혹시 압니까? 누군가 그 흉기를 용의자의 집에 몰래 가져다 놓았을는지. 예상 외로 우리의 추측은 외눈박이의 진실만을 보여 주는 경우가 많습니다.

사실이란, 우리가 동원할 수 있는 모든 이성적인 확인 과정을 거쳐서 도출한 결과를 말해요. 내가 아버지의 아들이라는 것은 의심할 수 없이 확고한 사실입니다. 드라마를 보면 평생 친아버지인 줄 알고 살았다가 그 아버지가 의붓아버지라는 사실을 알고 방황하는 주인공들이 가끔 있지요? 그 경우 DNA 검사를 통해 친아버지를 가러내야 하는데, 그만큼 사실이라는 것은 드러내기 어렵습니다. 그런 만큼 사실은 힘이 있습니다. 때로는 사실 하나가 역사를 바꾸기도 합니다. 히로시마에 떨어진 원자폭탄의 처참함, 그 사실을 언론이 가감 없이 전했을 때 일본이 무조건 항복할 수밖에 없었던 것처럼요. 또 워터게이트 사건을 보도한 「워싱턴포스트」의 기사로 닉슨 미국 대통령의 거짓말이 드러나고 결국 자리에서 물러나야 했던 것처럼요. 사실 보도는 기자의 생명이고, 모든 기자가 사실 보도를 통해 사회를 발전시키고 역사를 진보시키길 원합니다.

하나만 더 얘기할까요? 그럼 진실은 뭘까요? 진실이 사실과 꼭 일치할까요? 사실 중에 진실이 있습니다. 모든 사실이 진실은 아니지요. 빛난다고 다 보석은 아닌 것처럼요. 사실이 모두 진실은 아니지만, 진실이 되려면 최소한 사실이어야 합니다. 이럴 때, 사실은 진실의 필요조건이라고 부릅니다. 진실은 대개 눈에 보이지 않거나 측정하고 확인할 방법이 부족하지만, 그래야만 하거나 꼭 그럴 것이라고 믿는 것들을 포함합니다. 이를테면 부모 자식 간의 사랑이 소중하다거나 인권이 천부의 것이라는 것 따위가 그렇습니다. 사랑이나 인권의 소중함과 가치를 측정할 수는 없지요. 하지만 누구나 건강한 가슴으로 상상해 보면 고개를 끄떡여 동의해 주거나 눈시울을 적셔 줄 만한 이야기들을 우리는 진실이라고 말합니다. 자신의 무지 탓에 일방적으로 그렇다고 믿어 버리는 비(非)사실, 즉

추측과는 전적으로 다른 것이지요. 사실을 넘어 진실을 기록할 수 있는 기자가 되기 위해 오늘도 많은 기자들이 보이지 않는 것까지 취재한답니다. 오늘은 없지만 내일은 있어야 하는 것들, 그런 것들을 지키기 위해서 말이죠.

● 기삿거리가 되는 정보는 어떻게 얻나요?

먼저 기삿거리란 무엇일까요? 보편성을 만족하는 이야기를 말합니다. 곧 모두가 관심 있는 이야기지요. 하지만 이것만으로는 부족해요. 모두가 알기를 원하고, 또한 모두가 '알아야 하는' 이야기여야 합니다. 그래야 기삿거리가 됩니다.

그럼 기자는 사람들이 알고 싶어하는 이야기가 무엇인지 알아야 합니다. 그리고 사람들이 어떤 이야기를 알아야 하는지도 알아야 합니다. 여러분, 좋은 기자 되기가 참 어려워 보이지요? (웃음) 하지만 그렇지 않아요. 꾸준한 독서와 다양한 토론이 많은 사람들의 생각을 알 수 있게 해 주니까요.

자, 이제 정보를 어떻게 얻는지 말씀드릴까요? 방금 얘기한 것처럼 꾸준한 독서가 가장 중요할 테고요, 다양한 사람들과 나누는 격의 없는 대화가 그다음으로 중요해요. 좋은 이야깃거리를 많이 가지고 있는 사람을 기자들은 취재원이라고 부릅니다. 좋은 취재원을 분야별로 많이 가지고 있는 기자가 좋은 기사를 많이 쓸 수 있겠지요. 그런 기자가 되려면 부지런해져야 해요. 또 사람들이 매력을 느낄 수 있는 사람이 돼야겠지요. 사람들은 남의 말을 잘 들어주면서 폭넓게 많이 아는 사람을 좋아한답니다. 그리고 정의감과 행동

의지가 넘치는 사람을 좋아하고요. 많은 취재원을 가질 수 있는 좋은 방법이 있는데, 바로 인터넷을 이용하는 것입니다. 저도 개인 홈페이지가 있고요, 요즈음 많은 기자들이 홈페이지나 블로그를 운영하고 있어요. 인터넷상에서는 무수히 많은 익명의 취재원을 만날 수 있답니다. 제 홈페이지에도 매일매일 많은 제보와 의견 들이 올라옵니다. 인터넷으로 정보를 입수하는 경우가 점차 늘어나는 추세예요.

기삿거리를 수집하러 갈 때는 보통 자기 스스로 판단해요. 기사
검토를 책임지는 데스크나 부장한테 사전에 이러이러한 내용을 취
재하겠다고 보고하지요. 그러면 데스크나 부장은 어떤 점을 좀 더
보강해서 알아보라고 조언하거나, 다른 내용을 취재해 보라고 지시
합니다. 이런 협의를 통해 취재 내용을 정하면, 그 뒤에 누구를 만
나서 뭘 할지는 자신이 정하는 겁니다. 어떤 면에서 기자는 독립체
입니다. 일단 취재 사안이 결정되고 나면, 최종적으로 기사를 작성
해 제출할 때까지 혼자 판단하고 혼자 책임집니다. 그래서 기자라
는 직업은 외로운 일이기도 하지만, 이것 때문에 매력을 느끼는 사
람도 많아요.

● 취재는 혼자서 하나요, 아니면 팀을 짜서 하나요?

부서에 따라 좀 다릅니다. 일반적으로 그날그날 뉴스를 만들어
보도하는 보도국은 기자가 혼자서 움직이고요, 매일매일 방송하지
않는 잡지 형식의 뉴스 제작 프로그램들은 기자가 작가의 도움을

받아 여럿이 팀을 짜서 움직이는 경우가 많습니다. 팀을 짜서 움직이면 여러 사람의 지혜를 모을 수 있으니 좋기도 하지만, 기자 혼자서 할 경우 기민하게 판단하고 움직일 수 있는 데 비해 느리다는 단점이 있지요.

● 기자에게 사건이란? 사건이 일어나야 좋은가요, 안 일어나야 좋은가요?

아주 재미있는 질문이네요. 솔직히 말씀드리면 사건이 일어나면 기자들은 편합니다. 그 사건을 쫓아가기만 하면 되니까요. 사실 사건이 없으면 기삿거리를 찾아다녀야 하니까 신경이 많이 쓰이죠. 하지만 기자들이 불편해도 좋으니까 대형 사건 사고가 없기를 바랍니다.

● 기자가 자기 생각만 고집할 수는 없잖아요. 사회 일반의 생각과 개인의 생각이 다를 때는 어떻게 하세요?

기사가 개인의 신념과 다를 때, 그러니까 충돌할 때 어떻게 하느냐, 이런 질문이지요? 보통 그런 기사는 쓰지 않지요. 제가 옳지 않다고 생각하는데 어떻게 그런 기사를 쓸 수 있겠어요. 하지만 이런 경우는 있지요. 제가 사회 전체가 생각하는 통념과 다른 기사를 써야 할 때 말이에요. 그럴 때 저는 제 신념을 가지고 불길 속으로 들어갑니다. 그게 기자의 사명이고 기자의 길입니다. 황우석 박사 사건 때도 대부분의 시청자들이 황 박사를 믿고 지지했지요. 그분이 사람들에게 엄청난 거짓말을 하고 있다는 보도를 감행할 때 시청자들이 어떤 반응을 보일지 눈에 선했어요. 그래도 기자는 물러설 수 없습니다. 돌팔매를 맞아도 사실은 사실대로 보도해야 합니다. 그게 민주 사회에서 언론의 구실입니다. 이순신 장군이 그랬잖아요. '사즉생'(死則生)이라고요. 싸움터에서 죽을 각오로 싸우면 산다는 뜻이지만, 저는 이 말을 '죽기로 해야 그나마 살 수도 있다'는 뜻으로 해석합니다. 기자가 살려고 하면 모두가 죽을 수 있어요. 눈앞에 위기가 닥쳐오는데 당장의 위기를 모면하려고 국민에게 거짓을 고할 수는 없지요. 실제 우리나라 역사에도 왕에게 사실을 보고했다가 죽임을 당한 충신들이 많이 있습니다. 그게 언론이지요. 자기 신념을 굽히지 않고 소신껏 살아가고자 하는 사람들이 전 세계적으로 기자직에 도전하고 있습니다. 어때요, 멋지지 않습니까?

사회적인 생각과 개인적인 생각이 충돌할 때는 비교적 쉽습니다. 하지만 좀 어려운 경우가 있어요. 사회적인 처지와 개인적인 처지가 충돌할 때가 그렇습니다. 기자가 외계인이 아니라 우리 사회 속에서 관계를 맺으며 사는 생활인이기 때문에 생기는 일입니다.

기사를 쓸 때마다 제일 골치 아픈 고민거리가 바로 이겁니다.

음, 이런 적이 있어요. 어떤 무기 제조 회사를 고발하는 기사였어요. 무기를 만들어서 나라에 파는 회사에서 공무원들한테 몰래 뇌물을 건네고 있다는 사실을 알아냈지요. 더구나 그 회사에서 만든 무기는 품질이 떨어지고 그 무기를 사용하는 군인들의 안전에도 좋지 않은 것으로 나타났어요. 70퍼센트 정도 취재했을 때였어요. 저희 회사 후배 한 사람이 찾아왔는데, 글쎄, 제가 취재하고 있던 회사가 자기 아버지가 사장으로 있는 회사라고 하더라고요. 인간적으로 참 곤란하더라고요. 그때 후배한테 이렇게 얘기했어요. "만약에 내가 단지 머릿속에서 기사를 기획하는 단계였다면, 백 보 양보해서 취재 여부를 다시 생각해 볼 수 있을지 모른다. 그런데 되돌리기에는 너무 늦었다. 아버님 회사의 비리를 상당 부분 확인했기 때문이다. 내가 그동안 기자 생활을 하면서 많은 사람들의 비리를 고발해 왔는데, 만일 네 아버지의 비리를 눈감으면 그들과의 형평성이 맞지 않는다. 내가 고발한 사람들이 나와 개인적으로 알지 못했기 때문에 고발당한 것이라고 하면, 그들이 얼마나 억울하겠느냐. 불공평하다고 생각하지 않겠느냐." 그러고 나서 다시 후배한테 물었어요. "너는 어떻게 생각해?" 후배는 대답을 못 하더군요. 그래서 이렇게 말했어요. 더욱 철저하게 잘 취재를 해 주겠다고. 조금이라도 아버님에게 억울함이 없도록 반론을 듣겠다고. 결국 보도가 나갔고, 후배 아버님은 외국으로 나가 긴 도피 생활을 하셨습니다. 몇 년 뒤 한국에 돌아와 검찰에 붙잡히셨는데, 사법처리를 당하고 고생하신 걸로 알아요. 가슴이 참 아팠습니다.

● 후배가 원망하지 않았어요?

당연히 원망했겠죠. 만약 제가 명확한 원칙이 없었다면, 후배가 저를 더 원망했을 거라고 봐요. 누구는 봐주고 누구는 안 봐주고, 누구는 친하니까 봐주고 누구는 안 친하니까 덜 봐준 것 아니냐는 식으로 저를 더 많이 원망했겠지요. 그런데 제가 일관된 원칙을 가지고 일해 왔다는 것을 그 후배도 잘 알고 있었어요.

잠깐 다른 얘기를 해 볼까요? 어느 날, 가수들이 자기 노래를 좀 틀어 달라고 방송국 PD들에게 뇌물을 준다는 얘기를 들었어요. 저는 깜짝 놀랐습니다. 그리고 방송사에서 일을 하고 있다는 사실이 부끄러워졌어요. 그래서 그걸 고발했지요. 그 보도 이후 진행된 수사 때문에 저희 회사 예능국의 국장, 부장, 차장이 모두 검찰에 불려 갔어요. 그때도 정말 괴로웠지요. 하지만 방송은 개인의 것이 아니거든요. 국민의 것이지요. 후회는 없지만 정말 쉽지는 않았어요.

제가 지금까지 이렇게 살아온 것을 그 후배도 알고 있었기 때문에, 원망은 했겠지만 억울하다고 생각하지는 않았을 거라고 믿어요. 아무튼 그 뒤에 그 후배는 다시 못 만났어요. 5년이 넘었는데. 제가 피하는 건 아니고…… 언젠가는 만나겠지만 일부러 만날 생각은 없어요.

기사 내용과 그 기사를 쓰는 기자의 처지가 충돌하는 경우를 말씀드렸는데, 이런 상황도 있어요. 기사의 내용과 회사의 처지가 상충하는 경우예요. 1999년에 하남환경박람회라는 큰 행사가 열렸어요. 하남에서 국제박람회를 개최했는데, 글쎄, 여러 정치인들이 중간에서 뇌물을 챙긴 거예요. 그런데 이 기사가 보도되면 저희 회사에도 피해가 있다는 걸 알게 됐어요. 당시 MBC미디어텍이라는 자회사가 있었는데, 그쪽 사장님이 찾아오셔서 박람회가 끝나고 나서 보도해 주면 안 되겠냐고 물어보셨죠. 30억 원에 달하는 돈을 받아야 하는 회사 처지 때문이었지요. 하지만 버텼습니다. 안 된다고 했어요. 엉터리 비리 박람회에 국민이 돈을 낭비하면서 구경 가도록 방치해서는 안 된다는 판단 때문이었습니다. 그래서 박람회 개최 직전에 보도가 나갔어요. "국민 여러분, 이 사람들이 이렇게 뇌물을 챙겼으니 잘 알고 계세요." 하고 알렸어요. 결국 박람회는 제대로 열리지도 못하고, 수십 명이 검찰 조사를 받는 상황이 돼 버렸습니다. 국회가 여야 합동으로 현장 조사를 나가는가 하면, 환경부와 감사원이 잇따라 감사를 실시하고 아주 시끄러웠지요. 당연히 저희 회사에도 재산상의 피해가 있었겠지요? 방송은 국민의 무형 재산인 전파를 빌려 쓰는 공공재입니다. 국민의 알 권리와 행복해질 권리를 위해 쓰이는 도구이기 때문에, 개인의 이익을 구하려고 하면 국민의 권리가 침해받게 됩니다. 따라서 저는 이해관계가 상충하는 경우에도 앞선 경우와 마찬가지로 원칙대로 처리해야 한다고 생각합니다. 물론 저와 다른 생각을 가진 사람들도 있을 수 있습니다.

한 가지 얘기를 덧붙이고 싶어요. 기자는 언론인이라고 불려요. 기자는 자신의 생각과 신념이 있습니다. 자기가 이루고자 하는 세상을 꿈꾸며 그 세상을 위해 기사를 쓰는 거예요. 단지 있는 정보를 잡히는 대로 전하는 전달자와 다릅니다. 단순히 정보를 찾아 가공하는 정보검색사와도 다른 점이 바로 이것이라고 생각해요. 저널리스트, 언론인, 기자라고 하는 사람들은 단순히 사실을 있는 그대로 전달하는 것에 플러스알파, '메시지'를 더합니다. 물론 있는 사실을 가감 없이 전달하는 것도 중요하지요. 아주 중요한 덕목입니다. 사실 전달이 완전히 이뤄졌다고 가정한다면 뭐가 더 필요할까요? 그것은, 있는 그대로 사실을 전달한 뒤에 한발 더 나아가 앞으로 있어야 할 것도 전달해야 한다는 겁니다. 그래서 저널리스트의 일이 어렵습니다. 있는 대로만 기계적으로 전달하는 것은 그보다 훨씬 쉽습니다. 지금 우리 앞에 있는 이 테이블에 대해 보도한다고 해 봐요. "이 테이블 위에 카메라가 있고요. 녹음기가 두 대 있고 다른 무엇 무엇이 있어요." 이렇게 얘기하는 사람과 "이 테이블 위에 카메라, 녹음기 두 대, 다른 무엇 무엇이 있습니다. 하지만 이들이 너무 뒤엉켜 있어 실제로 사용할 때 너무 불편할 듯합니다." 이렇게까지 얘기하는 사람이 있습니다. 저는 후자를 훌륭한 기자라고 생각합니다.

참 어려운 문제입니다. 이 테이블 위에 많은 물건이 무질서하게 뒤엉켜 있는 게 즐거울 사람도 있거든요. 하지만 분명한 것은 플러스알파, 추가적 판단 노력이 중요하다는 점입니다. 있는 것을 그대로 전달하는 보도 방식은 때때로 기자로서 소임을 다하지 않는 평계가 되기 쉽습니다. 있는 그대로 다 얘기했으니 나는 할 도리를 다했다고 주장하는 언론인들이 많습니다. 이른바 '객관적 기사 쓰기'를 주장하는 분들이지요. 하지만 기사 작성 단계에 '기획'이라는 순서가 있었지요? 무엇을 쓸지 생각하는 과정에서 벌써 기자의 신념과 생각이 개입되기 때문에 엄밀한 의미에서 객관적인 기사는 있을 수 없어요. 어차피 모든 기사는 주관적일 수밖에 없습니다. 다만 좀더 객관적이게 하려고 노력하는 것이지요. 모든 사실의 근거를 제시하고 중립을 지키려고 노력하는 자세가 필요해요. 우리 사회가 건강하게 유지되고 발전하려면 이처럼 있는 것을 단순히 전하는 것과 함께 꼭 있어야 할 것까지도 덧붙여 밝혀 주는 기자가 필요하고, 저는 그런 기자가 훌륭하다고 생각합니다. 그런 기자에게는 신념이 있죠. 그래서 기자는 늘 자기 신념이 공동체 전체를 위해 정당하고 필요한 것인지 고민해야 합니다. 물론 자기 혼자만이 옳다고 믿고서 함부로 행동하는 기자는 절대 훌륭한 기자가 될 수 없습니다. 세상에는 절대 변해서는 안 될 것들이 많지만, 그만큼 변해야 하는 것들도 많습니다. 변해야 하는 것 속에서 함께 변하면서도 변하지 않아야 하는 것들을 지켜 나가는, 아주 어려운 장애물 경기를 매일 치르는 것이 바로 기자의 일입니다.

● 취재 중의 거짓말은 어느 정도 괜찮은가요?

당연히, 거짓말은 하지 말아야죠. 거짓말을 통해 얻은 정보는 기사에 사용할 수 없습니다. 공익을 위해서 꼭 필요한 경우에만 극히 제한적으로 할 수는 있겠지요. 그래도 법을 어기는 수준이 되면 절대 안 됩니다.

취재 중에 하는 거짓말은 크게 두 가지가 있습니다. 하나는 신분을 속이는 겁니다. 기자라는 사실을 알리면 진실을 말하는 데 부담을 느끼는 사람이 많습니다. 이때 신분을 밝히지 않거나 그냥 자유 기고가라는 식으로 둘러대는 경우가 있는데, 이것도 바람직하지는 않아요. 경찰이라든가 검사라는 식으로 공무원을 사칭하면 형사처분을 받게 되니, 아예 거짓말은 하지 않는 게 좋겠지요?

다른 거짓말은 사실관계를 속이는 겁니다. 수사관들이 수사할 때 흔히 쓰는 방법인데요, 이를테면 "네 공범이 벌써 범행을 다 불었으니 너도 불어라." 하는 식의 거짓말입니다. 아는 게 없는데도 "벌써 다 알고 있으니 사실을 말씀하시죠."라고 유도신문을 종종 하는데, 이것도 엄밀하게 따지면 거짓말이지요.

거짓말을 하지 않으려면 어떻게 해야 할까요? 많이 알고 있어야 합니다. 다양한 취재를 통해 충분한 정보를 갖추고 있어야겠지요. 그러면 상대방도 순순히 취재에 응하는 경우가 많습니다.

그럼 공익과 관련해서 좀 더 얘기해 보죠. 다른 것보다 공익을 우선하는 데 늘 신경 써야 할 일이 하나 있습니다. 바로 '명예'에 대한 문제입니다. 기사가 개인의 명예를 훼손할 여지가 있는지, 법을 위반하는 것은 아닌지 늘 생각해야 합니다.

이를테면 덩치가 아주 큰 아이가 있어요. 그런데 그 친구가 밥만 먹으면 방귀를 뀌고 방귀 냄새가 너무 지독해서 주변 친구들이 견디기가 힘들었어요. 사실 방귀를 뀌는 건 개인의 헌법적 권리인 행복추구권에 해당해요. 그 친구로서는 방귀를 안 뀌면 건강에 좋지 않고 견디기 힘들겠지요. 하지만 주변의 친구들은 너무 괴로웠어요. 이때 어떻게 해야 할까요? 조용히 교실 밖에 나가 방귀를 뀌고 오면 좋을 텐데. 덩치가 큰 그 아이를 모두가 무서워합니다. 방귀쟁이로 소문나면 분명 그 아이도 부끄러울 텐데. 이런 경우 선생님한테 이 사실을 알려야 할까요, 아니면 그냥 넘어가야 할까요.

방귀는 그냥 애교로 넘어갈 수도 있는 얘기지만, 폭력 같은 경우도 생각해 볼 수 있습니다. 어떤 동네 폭력배가 사람들을 때리고 돈을 뺏었어요. 그런데 아무도 돈을 뺏겼다는 얘기를 안 해요. 뺏겼다고 말하면 보복을 당할 테니까요. 상식적으로는 그 폭력배가 나쁜 짓을 한다고 세상 사람들에게 알리는 게 맞습니다. 그런데 폭력배의 행동이 알려지는 과정에서 폭력배의 명예가 훼손될 가능성이 있어요. 아니, 깡패에게 무슨 명예가 있냐고요? 하지만 깡패에게도 명예가 있습니다. 가장 낮은 곳의 명예가 지켜질 때 우리 모두의 명예도 지켜질 수 있거든요. 그런데도 폭력배의 얼굴과 이름을 밝혀서 널리 알려야 할까요? 개인의 명예와 공익이 서로 부딪치는 경우, 우리는 잠시 고민하게 됩니다. 최선의 선택은 무엇일까요?

저희 기자들은 사람마다 다 하늘이 부여한 인권이 있다고 생각합니다. 명예나 인격은 인권의 가장 중요한 요소라고 할 수 있습니다. 개인의 명예와 전체의 이익이 충돌할 때, 기자들은 물론 전체를 먼저 생각합니다. 전체의 권리, 전체의 이익이 우선한다는 사회적 합의가 있기 때문이죠. 하지만 전체의 이익이 개인의 명예보다 무조건 소중하기 때문은 아닙니다. 이 과정이 일방적으로 진행되면 개인의 권리가 무시되는 북한과 같은 전체주의 사회가 되겠지요. 개인이 존중되지 않으면 전체도 보호받을 수 없습니다. 따라서 개인의 명예는 그가 아무리 사악한 폭력배라 해도 결코 가벼이 볼 게 아니지요.

결론적으로 개인의 명예와 전체적 이익 문제는 정해진 법 테두리 안에서 사회적 합의에 따라 그때그때 조심스럽게 처리해야 한다고 생각합니다. 사회에는 개인과 사회의 갈등을 조정하기 위한 기관이 무수히 많습니다. 어쩌면 국가란 개인과 집단의 갈등을 조정하고 통제하는 기구라고 봐도 무방할 정도랍니다. 그만큼 쉽지 않은 주제니까 모두 함께 오랫동안 생각해 보기를 권합니다.

● 형사들이 잠복근무 하듯이 기자들도 잠복 취재 같은 걸 해요?

많이 하죠. 그런데 그것 때문에 복잡한 일이 생기기도 해요. 기자에게는 조사할 권리가 없어요. 취재할 수 있는 권리는 헌법에 있는 언론의 자유로 보장되지만, 남이 싫어하는 걸 강제로 들여다볼 권한은 없어요. 경찰은 강제로 조사할 수 있는 권한이 법적으로 보장되어 있잖아요? 그런데 기자들에게는 없어요. 그래서 가능한 한 모든 걸 상대방의 동의를 구해서 얻어야 합니다. 상대방이 취재를 거부하면 다른 방법이 없습니다. 설득하는 수밖에요. "어? 인터뷰를 거부해? 취재권을 막았어? 감옥에 처넣겠어." 이렇게 못 한다는 거예요. 끝까지 "국민이 알고 싶어하니까 한 말씀 해 주십시오."라

영화 「리틀 빅 히어로」의 포스터.

고 설득해야 해요.

이렇게 설득에 의존해서 취재해야 하니까 그런지 영화 같은 데 보면 기자들이 비굴하게 나오더라고요. 귀찮다는 듯이 뿌리치는 정치인을 애써 따라가면서 "한마디만 좀 해 주세요." 하며 애걸하듯 인터뷰를 요청하는 기자들이 많이 나와요. 그런가 하면 더스틴 호프먼이 나오는 「리틀 빅 히어로」(1992)라는 영화에 나오는 기자들은 훼방꾼이에요. 제발 안 했으면 좋겠다 싶은 질문을 꼭 해서 이야기를 흩트려 놔요. 특종에 눈이 멀어 일을 그르치는 훼방꾼. 영화 속에 나오는 기자들의 이미지가 그래요. 기자로서 조금 불쾌하기도 하지만 반성도 하게 돼요. '과연 나는 어떤 모습으로 비칠까?'

사람이 죽어서 모두가 슬퍼하는 병원 영안실에 가서, 돌아가신 분에 대해 취재해야 할 경우도 많아요. 유족들은 슬퍼서 울고 있는데, '고인이 왜 죽었냐' '부부 관계는 어땠냐' 같은 질문을 던지면 누가 좋다고 하겠어요? 문전 박대를 당하기 일쑤입니다. 그래도 기자가 아니면 어떻게 사람들이 세상의 정보를 받아들일 수 있겠어요? 때때로 지저분한 곳에 가거나 육체적으로나 정신적으로 힘들어도, 저희 기자들 때문에 일반 국민들이 직접 이런 험한 곳까지 오지 않아도 세상 구석구석의 이야기를 알 수 있다는 생각을 하면 보람이 느껴집니다.

다시 본론으로 돌아갈까요? 강제적인 취재권이 없으니 기자는 취재의 정당성을 찾기 위해 항상 공익과 함께하려고 노력합니다. 늘 '이건 우리 사회 구성원 모두를 위한 것이다.'라고 생각되는 것을 취재하려고 노력합니다. 또 취재 과정에서도 최대한 예의에 맞게 행동하려고 하죠.

형사들이 하는 잠복근무를 저희도 합니다. 불법 현장 같은 데 몰래 들어가 취재하는 경우가 많아요. 몰래카메라를 들고 말이죠. 이를테면 일반 주택가에 불법 도박장, 일명 하우스라는 곳이 열려요. 허가받지 않은 곳에서 도박을 하는 건 불법이에요. 명절에 집에서 재미로 고스톱 치는 건 괜찮지만, 특정 공간에 도박을 하도록 장소를 제공하고 그 대가를 받는 건 명백한 불법이에요. 어디에 하우스가 있다는 제보를 받아서 몰래카메라를 들고 갑니다. 공익을 위해 없어져야 하는 불법 현장이니까 촬영도 할 수 있습니다. 물론 이 경우에도 도박하는 사람들의 얼굴이 방송에 나가면 그 사람들의 명예가 훼손되니까 얼굴을 찍지 않도록 조심해야 해요. 일반 주택이라면 주거침입죄도 조심해야 합니다. 이런 경우 경찰과 함께 현장에 잠입하면 별 문제가 되지 않습니다.

잠입 취재, 잠복근무, 이런 걸 기자들은 '뻗치기'라고 해요. "가서 뻗치다 와." 데스크에게 이런 지시를 받으면 현장에 가서 카메라를 설치해 놓고 며칠 동안 기다리는 경우도 종종 있어요. 이를테면 2003년 말에 전두환 전 대통령이 통장에 돈이 29만 원밖에 없다고 했는데 매주 골프장에 간다는 제보를 받았어요. 그 사람은 총칼로 정권을 빼앗았다는 쿠데타 혐의로 처벌까지 받았어요. 그런데 그 사람이 어디 갈 때면 아직도 교통경찰들이 호위해 길을 열어 주고 신호에 걸리지 않도록 신호등까지 조작해 준다는 거예요. 강풀이라는 아저씨가 지은 『26년』(문학세계사 2007)이라는 만화책이 있는데, 본 적 있어요? 네, 그 만화 내용이 바로 제가 보도한 사실에 근거하여 만든 이야기예요. 아무튼 그때도 취재를 위해 뻗치기를 했지요. "골프장에 다니면서 신호도 통제한대." 이런 얘길 듣고 전두환 씨 집 근처에서 며칠 동안 기다린 끝에 촬영에 성공했어요.

기자라는 직업은 광부에 잘 비유됩니다. 이야기의 광산에서 순도 높은 이야기의 원석을 캐내는 광부라고 생각하면 돼요. 또 석유시추 전문가라고 할까요? 원유를 캐내면 거기서 각종 기름, 나일론, 플라스틱까지 구할 수 있잖아요? 원유 같은 것, 그게 사실에 근거한 기사입니다. 이렇게 밝혀낸 사실로부터 많은 이야기들이 추출되는 거랍니다. 좋은 기사는 고순도의 사실관계를 담고 있어 마치 실타래에서 실이 풀려나오듯 여러 후속 이야기가 뒤따르게 되지요.

산이 눈앞에 있는데 그 속에 정말 숱한 이야기가 묻혀 있다고 합니다. 누군가 믿을 만한 제보를 해 옵니다. 그러면 기자들은 삽자루를 메고 산으로 갑니다. 어떤 위험이 있어도 파내러 가지요. 잘못 파 들어가다 보면 이야기 더미에 깔려 죽을 수도 있어요. 이야기 중에는 거짓말이 있습니다. 거짓 이야기는 그것을 옮기는 사람을 죽일 수도 있어요. 명예훼손이라는 날카로운 돌에 찍힐 수도 있고요. 그래도 기자들은 중요한 이야기를 꼭 알리고 싶어서 이야기의 광맥을 따라 깊은 터널로 들어간답니다. 세상의 이야기들은 그렇게 태어난 것입니다. 세상 돌아가는 이야기들은, 마치 겨울을 따뜻하게 나게 하는 석탄처럼 기자가 건져 올린 보물입니다.

잠복을 통해 누군가의 불법행위를 몰래 취재하는 방법도 있지만, 마치 미지의 동굴을 여행해 가듯 진실을 찾아 꾸준히 파고 들어가는 취재 방식도 있습니다. 흔히 탐사 취재라고 하지요. 잠복 취재만큼이나 중요해요. 잠복 취재나 탐사 취재 모두 눈앞에 나뒹구는 세간의 이야기를 줍는 게 아니라, 눈에 보이지 않는 숨겨진 이야기를 찾아 나선다는 점에서는 똑같은 취재 방식입니다. 좋은 기자들은 누구나 찾을 수 있는 눈에 보이는 이야기보다 보이지는 않지만 귀중한 이야기들을 찾아가는 힘겨운 여행을 즐긴답니다.

● 법을 안 지키는 사람들에게 법을 지키면서 취재해야 한다는 것에 대해서 회의를 느끼신 적은 없나요?

있죠. 그래서 서부영화를 가끔 봅니다. 서부영화를 보면 멋진 아저씨들이 많이 나오거든요. 영화 속에서 악인은 반드시 죽습니다. 존 웨인이나 클린트 이스트우드 같은 멋진 아저씨들이 나쁜 놈들에게 "지옥에나 가라." 하면서 처벌하죠. 그런 걸 보면 통쾌하니까 많이 봅니다.

그런데 만약에 모든 사람이 다 그런 식으로 자신의 원한을 해결한다면 어떻게 될까요? 각자 알아서 주먹으로 처리한다? 누가 내 동생을 두 대 때렸어요. 그러면 "너 이리 와 봐. 지금 내 동생 두 대 때렸지? 일단 두 대 맞고 또 한 대는 내 동생 때린 벌이다……" 이렇게 개인적으로 처벌하고 다니면 모든 길거리·시장·사무실에서 사람들이 싸우고 있을 거예요. 사람들이 만날 싸우고 때리고 복수만 하러 다닐 거예요. 복수는 또 복수를 낳겠죠. 예를 들어, 나는 두 대를 때렸는데 애가 나를 세 대 때렸고, 또 그 세 번째가 너무 아팠다면 "야, 너 왜 이렇게 세게 때렸어. 한 대 더 맞아." 하면서 복수가 계속될 겁니다. 나중에는 엄마도 사촌도 말려들어 함께 싸우게 될 거예요.

이런 상태를 정치학에서는 '만인 대 만인의 투쟁 상태'라고 말합니다. 혼란스러운 상황이죠. 모두가 서로 자기를 때릴지 모른다고 생각하면서 눈을 번득이고 싸우면서 살아가는 겁니다. 그런 식이라면 사회가 불안하고 발전하기 어렵기 때문에, 사람들은 법을 만들어 질서를 유지하는 거예요. 우리 모두가 법을 지키고 법대로 살아가면 사회가 안정되겠죠. 법을 집행하기 위해 사람들이 대표를 뽑아 정부를 만들고, 법을 만들고 고치라고 국회의원을 만들어 준 거예요. 그러니까 우리 사회의 주인은 우립니다. 17세기 영국의 정치학자 토머스 홉스가 『리바이어던』이라는 책에서 밝힌 국가의 건설 과정입니다. 개인들이 안전하게 모여 살기 위해 사회적으로 계약을 했다는 이론에 근거한 것인데, 이런 이상적인 국가가 발전하려면 끊임없이 국민이 나라의 주인이라는 사실을 알려 주는 수밖에 없거든요. 그래서 그런 역할을 수행하도록 되어 있는 언론이 중요한 겁니다.

분명히 법과 제도가 있는데 개인이 직접 나서서 때리고 해결하면 안 되겠죠. 저도 화가 날 때가 있습니다. 나쁜 놈들인데 내가 법을 지켜 가면서 점잖게 취재해야 되나 싶어서 답답한 때도 있어요. 옛날에는 경찰서에 성추행범이 잡혀 오면 맞을 짓을 했으니 때려도 되는 줄 알았어요. 저도 기자 초년병 시절에 몇 번 취재 수첩으로 그런 사람을 때린 기억이 납니다. 살인 용의자나 사기꾼 들은 정말 법을 떠나 혼내 주고 싶은 마음이 들더군요. 하지만 우리나라는 죄형법정주의를 지키는 나라예요. 법률에 죄라고 정해 놓지 않은 행위는 비록 손가락질 받을 행동이라도 처벌되지는 않지요. 또 법률

로 정해 놓은 죄를 범한 피의자라도 무죄 추정의 원칙을 적용받기 때문에, 법원에서 최종적으로 유죄가 확정될 때까지는 범죄인 취급해서는 안 됩니다. 형사처분과는 별도로 범죄 용의자의 명예 또한 훼손되면 안 되지요.

그러니까 아무리 저들이 불법적인 행동을 해도 법대로 취재하고 법대로 보도해야 합니다. 우리가 만든 규칙이니까 따라야 해요. 그게 범법자와 같아지지 않는 방법입니다. 작은 것이 안 지켜지면 큰 것도 안 지켜지니까 기자들이 먼저 잘 지키려고 노력해야 합니다. 안타까워도 어쩔 수 없습니다. 회의가 밀려와도 어쩔 수 없어요. 서부영화를 봅니다. 그리고 현실로 돌아와서는 법을 지키며 비록 시간이 걸려도 법에 의지해 묵묵히 진실을 밝혀 나가는 거지요. 진실은 나약해 보여도 힘이 있습니다.

그리고 취재 과정에서 법을 지키지 않았기 때문에 알리고 싶은 사실이 있어도 못 알릴 때도 있어요. 절차가 정당하지 못하면 목적에 다다르지 못하는 셈이죠.

● 정당하게 취재해서 양심적으로 보도했는데, 그 보도로 선의의 피해자가 생길 수 있지 않나요? 안타까웠던 경험이 있으면 말씀해 주세요.

암을 치료할 때 과학적으로 할 수 있는 유일한 방법은 항암제를 쓰는 겁니다. 살기 위해 항암제를 쓸 수밖에 없어요. 좋은 항암제는 암세포만 정확하게 파괴하는 것이겠지요. 그런데 불행하게도 세상에 그런 항암제는 아직 없습니다. 정상 세포도 함께 파괴합니다. 그래서 암 환자들이 머리카락도 빠지고 몸무게도 주는 거지요. 적지 않은 사람들이 항암제의 고통 속에서 생을 마칩니다.

사회도 마찬가집니다. 전체를 위해 어떤 규칙을 만들어 놓으면 꼭 피해자가 있습니다. 그래서 예외 규정을 만들어 놓으면, 또 그걸 교묘히 이용해 나쁜 짓을 하는 사람들이 나와요. 그래서 예외 규정을 없애 버리면, 애꿎은 피해자가 나오지요. 어떤 제도를 유지하기 위해 어쩔 수 없이 비용을 지불하는 셈이에요. 도둑을 막으려고 집

집마다 높은 담을 세우고 CCTV를 다는 비용을 지불하는 것과 마찬 가집니다. 높은 담은 보기 흉하고, 그것 때문에 사람들의 마음도 닫히지요. 도둑 몇 사람 때문에 우리가 얼마나 많은 것을 잃고 있습니까?

기자들이 합법적인 방법으로 사회 부조리나 비리를 고발했는데, 선의의 피해를 보는 사람이 생기면…… 가슴이 아프지요. 그런 경우가 적지 않게 발생합니다. 이를테면 지난 2002년 저는 연예기획사가 소속 연예인들에게 노예 계약을 강요한다는 내용을 보도했습니다. 그때 연예제작자협회라는 곳에서 항의 시위를 했어요. 모든 가수와 일부 연기자들이 MBC 출연을 거부하는 바람에 방송이 제대로 나가지 못했지요. 그런 상태가 무려 45일 동안이나 계속됐습니다. 그때 연예제작자협회의 주장은, 제 기사가 일부 연예기획사의 일을 마치 전체의 일인 양 과장했다는 것이었습니다. 하지만 저는 분명히 제 기사에서 '몇몇 기획사의 일'이라고 밝혔거든요. 문제 제기를 당하는 사람은 항상 자신 쪽에 불리하게 생각하는 경향이 있습니다. 누가 기자들 욕을 하면 저도 기분이 나쁘더라고요. 하지만 비록 자기가 떳떳하더라도 그런 얘기를 들으면서 자신을 다잡고 한 번쯤 반성하는 계기로 삼는 사람이 성공하는 사람이라고 저는 믿습니다. 몇몇 기획사에서 노예 계약을 강요하고 있다는 것이 확인된 이상, 자기들이 떳떳하다면 "그럼 이번 기회에 우리 스스로가 연예 계약 실태를 조사해서 정말로 문제가 있는지 살펴보자." 하고 나섰어야 합니다. '노예 계약은 없다'고 버티며 언론을 협박하던 연예제작자협회의 공언은 1년 뒤 공정거래위원회의 조사 결과, 결국 거짓으로 밝혀졌습니다. 정부는 노예 계약 실태를 확인하고 표준 계약서를 쓰도록 조치했습니다.

선의의 피해는 대부분 감당할 수 있는 수준으로 다가오지만, 그렇지 않은 경우도 있어요. 개인적으로 제일 가슴 아픈 얘기가 있어요. 기자 초년병 시절, 고속도로 휴게소의 불법 비리를 고발하는 기사였어요. 기사의 마지막에 그 휴게소에서 불법으로 주차를 대행하던 아저씨를 카메라로 찍어 고발했지요. 그 기사 때문에 아저씨가 바로 해고됐어요. 아저씨의 주머니에는 1,000원짜리 몇 장이 있었거든요. 물론 더 많은 돈을 불법적으로 받아서 챙겼을 수도 있지만, 제가 확인한 것은 불과 몇 천 원이었어요. 고속도로 휴게소 측은 자신들의 비리를 숨기기 위해 불쌍한 주차 대행 아저씨만 해고하고는 일을 마무리한 거였습니다. 얼마 뒤 그 아저씨가 회사로 저를 찾아와서는 펑펑 울더군요. 자기가 잘못한 거는 알겠는데, 고3짜리 아들과 고1짜리 딸을 어떻게 키울지 걱정이 태산이라고 했어요. 아저씨는 잘못인 줄 알면서도 아이들 교육 때문에 하루에 몇 천 원씩 별도로 수입을 올렸다가 그만 제 칼에 목이 달아난 겁니다. 고작 불쌍한 아저씨 목을 치겠다고 기자가 됐나 자책하면서 혼자 꺼

이꺼이 울었습니다. 아저씨의 복직을 위해 여기저기 부탁해 봤지만 쉽지 않았어요. 그때 다짐했습니다. '보도로 선의의 피해자를 만들지 않도록 최선을 다하겠다.' 스님들은 화장실에 갈 때도 혹시 개미를 밟아 죽일까 봐 조심스레 걷는다고 하죠. 개미를 죽이지 않는 가장 좋은 방법은 움직이지 않는 것이지만, 어떻게 사람이 그럴 수 있습니까? 저도 기사를 쓰지 않으면 선의의 피해자가 없겠지만, 그러면 제가 해야 할 일을 못 하잖아요. 그래서 또 다짐했습니다. '일을 해도 남들이 못 하는 일, 다른 기자들이 피하는 일을 하자. 목숨을 걸 만큼 거대한 악을 상대하자.'는 것이었습니다. 그런 신념으로 지금까지 왔고 큰 후회는 없습니다.

_3_
특종은 어떻게 잡아요?

● 뉴스를 보면 특종이나 단독 보도 같은 말을 종종 듣게 되는데요,
어떻게 특종을 만들죠?

특종을 흔히 기자 생활의 꽃이라고 해요. 운동선수 생활의 꽃이
올림픽에서 금메달을 따는 거라고 한다면, 방송기자와 신문기자를
통틀어 기자 생활의 꽃은 아마 특종일 거예요.

뉴스라는 건 사람들의 이야기예요. 많은 이야기들 중에서 꼭 전
달해야 할 이야기를 골라야 하죠. 너무 많은 이야기들이 있는데 그
중 꼭 전달해야 할 이야기를 정하고, 널리 전달해도 좋을 만큼 사실
로 다듬어서, 거짓 이야기는 빼고 사실만 전달하는 게 기자가 하는

일입니다. 그럼 수많은 이야기 중에서 사실을 어떻게 찾아낼까요?

자, 이 방 안에 있는 이야기를 기사로 쓴다고 해 봐요. 이 방 안에도 엄청나게 많은 이야기가 있죠. 열심히 사진 찍는 카메라 아저씨의 이야기가 있어요. 어떻게 해서 카메라 기자가 되었을까, 좋은 장면 한 컷을 찍기 위해 힘든 자세로 기다려야 하니 몸은 아프지 않을까, 도대체 카메라 기자가 기대하는 순간은 어떤 장면일까…… 카메라 아저씨의 주변에만도 이렇게 많은 이야기가 있어요.

여러 이야기들 중 어떤 이야기를 건져 내는 것이 오늘 우리의 만남을 가장 잘 드러낼 수 있을까요? 기자들은 이 문제를 항상 고민합니다. 신발에 관심이 있는 사람은 오늘 이 방에서 우리가 신고 온 신발만 보고 갈 수도 있어요. 그래서 그 사람은 이런 기사를 쓸 수도 있겠지요. "오늘 이 대화 자리에 사람들이 전체적으로 샌들을 신고 참여했다." 무엇을 보고 어떤 이야기를 쓸 것인지는 각자의 판단에 달려 있습니다.

저는 이런 기사를 쓸 것 같아요. "이제는 우리 출판 문화가 많이 달라졌습니다. 고리타분한 어른들만의 직업 이야기를 다음 세대에게 쉽게 전달하려는 새로운 출판 기획이 주목받고 있습니다." 이게 많은 이야기들 중에 기사가 골라지는 이치거든요.

그럼 이제 본론으로 넘어가 보지요. 많은 이야기가 있는데 그중 특종은 어떤 이야기를 말하는 것일까요? 여러분, 이 방 안에도 특종이 있습니다. 특종은 누가 주는 게 아니라 자기가 찾아내는 거예요. 저는 사실 '우리 출판 문화가 달라지고 있다'가 작은 특종이라고 생각해요. 세상의 중요한 변화를 반영하는 움직임입니다. 어른들의 세계를 어린 세대에게 전달하기 위해 어른들이 무릎을 구부리고 눈높이를 맞춘 역사적인 시도지요. 의미가 있습니다. 그래서 그 특종에 동참하려고 오늘 제가 이 자리에 있는 겁니다.

좀 더 일반적인 의미의 특종을 생각해 볼까요? 일상 뉴스에서 특종은 뭐지요? 아무도 모르는 걸 먼저 보도하는 것, 보통 그런 걸 특종이라고 하죠? 분명히 거기에는 이런 뜻이 담겨 있어요. 모두가 알아야 하거나, 모두가 알고 싶은 사실인데 사람들이 아직 모르고 있을 때 이를 가장 먼저 알리는 것이 특종이에요. '전혜윤, 내일 드레스 입는다.' 사람들은 하나도 안 궁금할 수 있어요. 그런 사실을 특종이라고 쓰면 바보죠. 모두가 알고 싶은 것, 모두가 알아야 하는 것, 그런데 아직 모르고 있는 것. 그런 것을 찾아 가장 먼저 전달하는 게 특종입니다.

그럼 어떻게 특종에 가까이 갈 수 있을까요? 참 복잡하고 어려운 이야기입니다. 어떻게 하면 축구에서 골을 많이 넣을까요? 부지런히 움직이고 스스로 골 기회를 만드는 길밖에 없겠지요? 기자도 마찬가집니다. 부지런히 사람을 만나면서 많은 이야기를 듣고, 사람들이 어떤 이야기를 알고 싶어하는지 알아야 합니다. 그 결과 많은 사람들이 알고 싶어하는 얘기를 가장 먼저 아는 사람이 돼야 합니다.

여러분 반에 항상 그런 친구들이 있죠? 남들보다 정보를 먼저 아는 아이들. "야, 중간고사 안 본대." 이런 소식을 먼저 아는 친구들이 있어요. 반에서 특종이죠? "야, 선생님 결혼한대." 이것도 특종이죠. 이런 소식을 항상 먼저 알고 전달하는 아이들이 꼭 있어요. 그렇지 않아요? 그런 아이들을 가만히 보세요. 그 친구가 바로 특종 기자예요. 그 친구한테 가면 항상 뭔가 새로운 얘기가 있죠. 그리고 그 친구가 입을 열면 아이들이 관심을 가져요. "얘들아, 이리와 봐." 그러면 아이들이 모이잖아요. 기대가 있죠. 그 친구가 입을 열면 뭔가 큰 이야기, 재밌는 이야기가 있다는 기대죠.

그러면 그 친구는 어떻게 그렇게 재밌는 얘기를 많이 알았을까요? 특종은 얘기하다 불쑥 나오는 거예요. 기본적으로 그 친구는 얘기하는 걸 좋아하는 친구일 거예요. 그 친구도 그렇겠지만 다른 사람도 이 친구의 이야기를 듣고 싶어할 거예요. 바로 이 친구가 특종을 잡는 기자의 기본 모델이에요.

특종을 많이 하는 기자들에게는 공통점이 있어요. 특종 기자가 되는 법은 크게 두 가지죠.

첫째, 재미있게 이야기하는 사람이 되라.

그렇게 되면 그 사람이랑 대화하고 싶어하는 사람이 많아지죠.

그게 가장 중요한 특징입니다. 생각해 보세요. 자연스럽게 많은 이야기를 나누다 보면 그 속에 특종거리가 있어요. 보통 "이 기자, 특종 하나 줄게."라고 떠들어 대는 사람을 만나 보면 실제로는 아무것도 안 나오거든요. 자기는 특종이라고 하는데 만나 보면 재미없는 이야기뿐이에요. 특종은 자연스러운 대화에서 나옵니다.

둘째, 남의 말을 잘 들어 주는 사람이 되라.

자기 얘기만 하는 사람을 우리는 별로 안 좋아해요. "야, 내가 어디 어디를 갔는데 말이야." "내가 집에 돈이 이렇게 많고, 이번에 중간고사 성적표를 받았는데 몇 점이고……" 그런 얘기들을 별로 안 좋아하죠. 들을 때는 몰라도 듣고 나서 뒤돌아서면 "야, 쟤는 왜 저렇게 잘난 척하냐? 재수 없어." 그러죠. 진짜 좋은 이야기 상대자는 남의 말을 잘 들어 주는 사람이에요. 남의 말을 잘 들어 주는 사람이 되려면 어떻게 해야 할까요? 남이 신나서 얘기하도록 추임새를 잘 넣어 주는 사람이 돼야 합니다. 그저 '얼쑤' 하고 추임새만 넣어 주면 되나요? 좋은 청취자가 되는 길은 생각보다 어렵습니다. 좋은 질문을 던질 줄 알아야 합니다. "진짜야?" "그랬어?" "너 짱이다. 그런데? 그래서 어떻게 됐어?" 이런 말을 하는 사람이 돼야 해요. 남의 말을 잘 들어 주려면 상대방의 눈을 잘 응시하는 자세도 아주 중요합니다.

자, 정리해 보면, 남에게 자기 이야기를 조리 있게 잘 전달하고,

좋은 대화 상대자가 되면 모두 특종 기자가 될 수 있겠지요?

● 그래도 특종을 잡으려는 경쟁이 무척 치열할 것 같아요. 어떻게 하면 특종 기사를 남들보다 더 잘 발굴해 낼 수 있어요?

비결은 많은 걸 보는 데 있습니다. 여러 이야깃거리 중에 남들은 보지 못하는 의미를 발견해 낼 줄 알아야 합니다. 다른 사람보다 더 많은 이야기를 끄집어내려면 훨씬 더 많은 것들을 눈여겨볼 줄 알아야 합니다.

예를 들어 볼게요. 제가 지금 혜윤이를 만났어요. 근데 저는 기자니까 많은 걸 볼 줄 알아요. 혜윤이는 성격이 어떤 학생이구나, 혜윤이 옷을 보니까 이런 멋쟁이구나, 누구랑 친한 걸 보니까 이런 사람들을 좋아하는구나, 말투를 보니까 고향이 어디고, 부모님에게서 교육을 잘 받았구나, 시계 상표를 보니 집안이 부유하구나…… 수많은 이야기를 읽어 낼 수가 있습니다. 사람 하나하나가 '이야기의 포털'이거든요. 사람이 이야기의 공장이고 이야기의 현관이기도 합니다. 혜윤이라는 문을 열고 들어가면 혜윤이의 이야기 세상이 있어요. 그리고 세진이 문을 열고 들어가면 세진이가 15년 가까이 살아온 이야기들이 고스란히 그곳에 있어요. 하지만 혜윤이랑 얘기하면서 혜윤이를 다 알 수는 없겠지요. 그 사람을 여러 면으로 읽어 낼 수 있는 능력, 많은 분야에 대한 관심이 필요합니다. 많은 이야기를 읽어 낼 줄 아는 이야기꾼이 돼야 하는 것이지요. 점 하나 찍힌 그림에서 무궁무진한 이야깃거리를 뽑아낼 줄 아는 사람이 미술 기자가 되는 것처럼요. 불과 몇 개의 점이 찍힌 예술가의 작품에서 역사적 의미를 발견해 내는 기자가 있기 때문에 예술가가 대가로 평가받게 되지요. 한 가지 현상에서 여러 가지 의미를 발견할 줄 아는 사람, 그런 사람이야말로 특종 기자가 될 자질이 있다고 말할 수 있어요.

그럼 또 어떤 자질이 필요할까요? 이건 비밀인데…… 신뢰와 용기예요. '이 사람한테 얘기하면 믿을 수 있다. 다른 목적으로 이 정보를 이용하거나 불필요하게 소문내지 않고, 꼭 필요한 보도를 해 줄 수 있을 것이다.'라는 믿음을 상대방에게 줘야 합니다. 또 용기가 있어야 해요. 자기가 아는 이야기가 있는데 그 이야기를 하면 혼난다고 해 봐요. 이를테면 반에서 어떤 친구가 세진이를 때리고 돈을 뺏었어요. 그 아이가 학교 싸움짱이에요. 그런데 세진이가 돈을 뺏긴 사실은 모든 사람이 알고 싶어하고, 반드시 알아야 하는 중요한 얘기죠? 그래야 또 다른 피해자가 없을 테니까요. 한마디로 뉴스거리지요. 그런데도 그 아이한테 보복을 당할까 봐 반 아이들이 얘기를 못하는 경우가 많아요. 그런데 진짜 특종 기자는 보복이 두렵더라도 얘기해야 합니다. 그게 용기지요. 우리 사회에서 중요한 이야기를 많은 사람들에게 꼭 알려야 하기 때문에 기자들은 보도를 감행합니다. 그렇기 때문에 어떤 경우에는 기자들의 자기희생도 필요해요.

● 지금 잠깐 자리 비우셨는데 벌써 기사를 쓰고 오신 거예요?

예, 기사를 하나 썼어요. 우리 방송기자는 하루에 열 몇 개 정도의 작은 스트레이트 기사를 써요. 저녁 메인 뉴스 시간에 리포트를 하는 경우는 낮에 시간을 낼 수가 없지요. 시청자들은 잘 모르겠지만 하루에도 텔레비전 뉴스가 몇 번씩이나 있고, 특히 라디오는 매시간 뉴스가 있어요. 잠시도 눈을 떼면 안 됩니다. 더구나 요즘엔 인터넷 뉴스까지 처리해야 하기 때문에 사실상 24시간 비상 대기 상태라고 보면 되지요.

● 가장 잊지 못할 특종은 뭐예요?

(웃음) 다시 특종 얘기군요. 이 이야기는 언제 해도 좋아요. 가슴이 설레고 기분이 좋아집니다. 제 특종이라면…… 혹시 'X파일 보도'라고 기억하세요? 잘 모르시는군요. (웃음)

음…… 그럼 먼저 정치에 대해 잠깐 얘기해 볼까요? 어른들끼리지지고 볶고 싸우는 걸 정치라고 생각하나요? 원래 정치는 그런 게 아니죠. 우리가 살아가는 데 필요한 규칙이나 방향을 세우고 다툼을 없애 주고 모두가 함께 꿈꾸는 희망을 만드는 일을 정치라고 해요. 우리나라는 대의제 민주주의 국가이고, 모든 성인이 정치에 참여할 권리가 있어요. 가족회의랑 똑같아요. 엄마 아빠랑 아이들이 모여서 "자, 우리 여름휴가를 제주도로 갈까, 설악산으로 갈까?", 이런 걸 정하는 회의랑 똑같아요. 그것도 정치예요. 집안의 일은 엄마 아빠와 아이들이 모여서 얘기하면 되겠고, 반에는 학급 회의가 있죠. 운동회 때 가장행렬을 하기로 했는데 학급비를 조금씩 모아서 비품을 살지, 아니면 각자 집에서 소품을 가져와서 해결할지, 이런 걸 토론을 통해 결정하지요.

이처럼 우리에게 필요한 선택을 해 나가는 과정이 정치인데, 이 세상 모든 일을 직접 결정하기에는 우리가 다들 바쁘죠? 게임도 해야 하고. (웃음) 그래서 하나하나 신경을 못 쓰니까 "잘 할 사람 손들어 봐. 반장, 부반장, 학급 임원 할 사람은 손들어 봐." 해서 "너는 반장 하면 뭘할 거야?" "너는 부반장 하면 어떻게 할 거야?" 하고 묻죠. 그러고는 후보에게 발표해 보라고 해서 그중에 잘할 사람을 뽑죠. 그런데 반장이 학급을 위한 일은 안 하면서 만날 자기한테 유리한 것만 한다고 해 봐요. 이를테면 앞으로 반장은 체육 점수를 5점 더 주도록 하자고 반장이 독단적으로 결정했어요. 그러면 화난

반원들이 어떻게 해요? "야, 너, 반장 하지 마. 앞으로 반장 더 잘할 사람?" 그렇게 해서 다시 뽑잖아요. 그거랑 똑같은 게 정치예요. 정치인은 임기가 있어요. 잘하면 또 뽑아 주지만 못하면 끝이에요. 정치는 절대 어렵거나 비밀스러운 게 아니에요. 정치인들이 자기들만 계속 하려고 일부러 어렵게 만든 거예요. 외국에 가면 스무 살이 갓 넘은 정치인도, 30대의 젊은 장관도 많아요. 오바마 대통령은 불과 40대 아저씨예요. 모든 걸 원칙대로만 하면 정치는 어려울 게 없죠.

그런데 어떤 부잣집 아이가 자기 맘대로 반을 끌고 가려고 반장, 부반장을 집에 불러서 빵도 사 주고 선물도 사 주고 그랬어요. 심지어 돈까지 줬어요. 다른 전체 학생들에게 손해가 되는데 그 부잣집 아이에게만 유리하게 반을 이끌고 간다면 학교 다닐 맛이 나겠어요?

국민의 이해를 대변할 사람을 국회의원이나 대통령으로 뽑아야 하는데, 우리나라 최고라고 할 수 있는 한 기업이 중간에 돈을 쓴 거예요. 물론 그 기업이 우리 경제를 위해 공헌한 것도 많아요. 하지만 자기들 돈으로 국회의원을 만들고 자기네 돈으로 대통령을 세워서 나라를 자기들 맘대로 좌지우지하자는 회의 내용이 담긴 테이프가 있었어요. 제가 그 테이프를 입수하게 됐죠. 저는 그 테이프의 내용을 가능한 한 많은 사람이 알도록 공개해야 한다고 결심했어요. 우리나라의 주인인 국민들이 꼭 알아야 하고, 알기를 원하는 이야기였으니까요. 반장, 부반장을 매수해서 자기가 원하는 방향으로 반을 맘대로 운영하려고 하면 되겠어요? 안 되잖아요. 하지만 사람들은 이 테이프를 공개하지 말라고 막아섰어요. 비밀이 드러나면 자기에게 좋지 않은 일이 생긴다고 걱정하는 사람도 많았어요. 그래서 저 혼자 그 테이프를 가지고 있다가 결국 테이프를 입수한 지 8개월 만에 보도에 성공했어요. 'X파일 특종'이라고 불렸죠. 제 기자 인생에서 힘들지만 가장 보람된 순간이었어요.

● 그 정보를 어떻게 입수하셨어요?

아까 말씀드렸지요, 특종 기자의 자질에 대해서. 신뢰와 용기가 제일 컸던 것 같아요. 제가 정직하게 있는 그대로 보도를 결행할 거라는 신뢰가 있었던 것 같고요, 많은 사람들이 막아서도 제가 목숨을 걸고 그 내용을 보도할 용기가 있다고 믿었던 것 같아요. 제게 그 테이프를 건네준 제보자께서요. 집안이 부자고 싸움까지 잘하는 반 아이의 잘못된 행동을 아무도 선생님한테 얘기하지 않을 것 같으니까, 그래도 용기 있게 얘기할 만한 사람을 제보자는 찾았겠고, 그런 식으로 저한테 기회가 주어졌죠. 운이 좋았다고도 볼 수 있겠죠.

항상 있죠. 모든 사람이 실수를 합니다. 실수를 많이 하는 사람
을 아마추어라고 하지요. 실수를 줄이고 성공 확률을 아주 높게 만
드는 것, 그게 전문가가 되는 길이죠. 저도 바로 눈앞에서 특종을
놓친 적이 많아요.

한번은 이런 적이 있어요. 어른들이 좋아하는 가수 중에 김광석
씨라고 있어요. 「서른 즈음에」「이등병의 편지」, 이런 좋은 노래들
을 부른 가수예요. 수습기자 때는 경찰서도 다니지만 병원 영안실
도 다녀요. 혹시 간밤에 어떤 중요한 사람이 불의의 사고로 죽었는
지 알아보기 위해서지요. 사람이 죽으면 큰 뉴스잖아요. 그런데 매
일 새벽마다 들러 확인하던 세브란스병원 영안실을 그날따라 너무
피곤해서 건너뛰었지 뭐예요? 그랬는데, 새벽 6시가 되고 방송국마
다 아침 뉴스가 시작됐는데 다른 방송사 톱뉴스로, 글쎄, '가수 김
광석 자살'이라고 대문짝만 하게 보도가 나가는 게 아닙니까? 깜짝
놀라 확인해 보니 그날 새벽 김광석 씨가 세브란스병원 영안실로
들어왔더라고요. 선배들한테 무지하게 혼났지요. 그 뒤로는 제가
맡은 취재 영역은 무슨 일이 있어도 매일매일 확인하는 습관이 생

겼지요.

또 이런 적도 있어요. 전화 한 통화만 더 걸어서 확인하면 되는데, 그걸 못 해서 큰 특종을 놓쳤죠. 13년쯤 전, 동대문경찰서에서 사건기자를 할 때의 일이에요. 술집에서 일하던 아줌마들이 무더기로 걸려 들어왔어요. 불법 영업과 관련된 혐의였어요. 심심찮게 만날 수 있는 이야기였으니까, 저는 그 사실만 가지고 짧은 기사를 작성해 회사에 보냈지요. 그런데 어떤 기자가, 아줌마들은 갇혀 있어서 못 만나니까 아줌마들의 집 연락처를 얻어서 일일이 집에 전화를 해 본 거예요. 그래서 어떤 사실을 알아냈냐면, 그 아줌마들이 술집에 가서 일을 한 건 잘못했지만 사연이 있다는 거예요. 그때가 IMF 경제 위기 직전으로 사회 전체가 많이 힘들었어요. 알고 보니, 아이들 학원비가 없어서 학원비를 벌기 위해서 눈물을 머금고 술집에서 일했다는 것이었어요. 아이들과 남편들이 모두 눈물을 흘리며 선처를 호소하고 있었지요. 단순히 아주머니들의 소행을 놓고 봤을 때는 가십에 불과하지만, 아이들의 학원비를 벌기 위해서 그랬다는 이야기가 요만큼 더 보태지니까 그냥 지나칠 일이 아니었던 거예요. 경제난의 심각성과 우리 사회에 던져진 어려움, 그 속에서 자녀를 교육시키려는 어머니들의 노력과 아픔, 그런 것들이 느껴지는 기사가 되잖아요? 그 기자가 석간신문 기자였는데, 점심을 먹고 들어와 보니 난리가 난 거예요. 특종이었지요. 회사 선배들한테 또

혼나고, 한동안 기자로서 성실하지 못한 저 자신을 다그치고 반성을 많이 했어요. 나도 집 연락처를 알아봐서 전화 걸어 볼걸. 한 부지런한 기자가 직접 전화를 했더니 그런 내용이 밝혀졌잖아요. 그 기사는 여러 의미가 있었어요. 자녀들 교육 문제와 교육비 상승은 기본이고, IMF가 가까이 오고 있다는 것에 대한 경종도 울렸어요. 여하튼 그 이후로는 궁금한 게 있으면 절대 포기하지 않고 모든 질문이 해소될 때까지 끝까지 확인에 확인을 거치게 되었답니다.

여러분도 모르는 게 있거나 궁금한 게 있으면 포기하거나 주저앉지 말고 끝까지 캐물으세요. 공부에도 특종이 있거든요. 생각해 보세요. 반에서 10등 하던 친구가 어느 날 갑자기 1등을 했다고 말이죠. 신나는 특종 아닌가요?

_4_
현재 삶에 만족하세요?

● 자녀가 기자님과 같은 직업을 갖는다고 하면 권하실 거예요?

권할 것 같은데요. 꽤 재미있거든요. 특히 사람을 좋아하고, 사람 만나서 이야기 나누는 걸 좋아하고, 호기심이 많고 발표력도 있는 사람들한테는 권할 만합니다. 특히 방송기자가 되면 텔레비전을 통해 알려지니까, 길거리를 다닐 때 인사하는 사람도 있고 더 많은 사람들을 만날 수 있게 돼요. 재밌지 않겠어요?

● 원래 기자가 되고 싶으셨어요?

제가 고등학교 때까지는 별 생각이 없었어요. 세상에 대한 호기심, 막연한 두려움, 그런 것들로 뒤범벅이었지요. 여러 책을 읽으며 세상에 대해 이해하기 시작했어요. 특히 직업 선택에 대해서는 아무도 얘기해 주지 않았어요. 학교에서 친구들끼리도 "넌 이다음에 뭐가 될래?" 같은 질문을 별로 안 한 것 같아요. 입시 부담만 너무 컸어요. 과거의 교육 방식은 그랬습니다. 썩 훌륭했던 것 같지는 않아요. 다만 막연하게 글 쓰는 직업에 대한 희망이 있었어요. 학교에서 문예부를 계속 했죠. 글 쓰는 일, 문화적인 일을 하고 싶었던 것 같아요. 하지만 어떻게 하면 그렇게 될 수 있는지 구체적인 방법은 몰랐습니다. 어떤 직업을 통해 가능할지, 어느 대학 어느 과를 가야 할지도 많이 생각해 보지 못했죠.

적성과 진로에 대해 충분한 고민 없이 대학교에 들어가서 전공인 경영학과에 적응하지 못해 애를 먹었습니다. 그런 와중에 자연스럽게 교내 신문사에 들어갔지요. 3년 동안 학교신문 기자를 하면서 기자가 적성에 맞는다는 생각을 하게 됐습니다. 좀 뒤늦게 철이 들었다고나 할까요? 학교신문의 편집장을 맡으면서 다른 일은 못하겠다는 생각이 들더라고요. '이걸 잘하겠다'는 것보다는 '다른 건 못하겠다' 싶어서 적성에 맞지 않는 직업들을 지우기 시작했어요. 그러다 보니까 대체로 돈 버는 일을 목표로 삼는 직업보다는 사람들 이야기를 담고 내가 생각하는 바람직한 쪽으로 세상을 변화시키는 일을 하고 싶다는 걸 확인할 수 있었습니다. 그러면서 자연스럽게 기자의 길로 접어들게 된 거지요.

● 그래서 지금 어느 정도 본인이 꿈꾸던 것을 이루고 있다고 생각하세요? 행복하세요?

행복이요? 네, 행복합니다. 지금까지 살아온 삶에 대해 감사합니다. 벌써 40대 중반에 접어들고 있는데…… 지금까지 늘 계획이 있었던 것 같습니다. 짧은 계획과 긴 계획. 계획이 없으면 성취하는 재미가 없고 되는 대로 살게 되니까요. 사람이 어떻게 살겠다고 생각하면 그렇게 사는 거고, 그런 생각이 없으면 그냥 살아지는 대로 살게 되는 거예요. 프랑스 시인 폴 발레리라는 사람이 이런 말을 했대요.

"지금 용기 내어 생각하는 대로 살지 않으면 머지않아 사는 대로 생각하게 될 것이다."

세상을 살아 보니 정말 그런 것 같아요.

늘 초심, 처음 마음을 기억하려고 해요. 내가 왜 기자가 됐더라? 어느 순간 내가 왜 기자가 되고 싶었는지를 잊어버리면 오늘의 난 망각의 결과가 되겠지요. 과거 열망의 껍데기만 덩그러니 남게 되는 겁니다. 그런데 많은 사람들이 그렇게 살아요. 다들 기억력도 별로 좋지 않고, 살다 보면 신경 써야 하는 일들이 늘어나니까요.

그런데 어떤 면에서 초심이라는 건 잊히기 위해 존재하는지도 모르겠어요. 항상 모든 게 변하니까요. 변하는 것이 세상의 이치인데 저 혼자 변하지 않겠다고 하면 그 또한 고집에 불과할 수 있습니다. 모든 사람이 계속 주먹을 쥐고만 살 수는 없지요. 주먹이 퍼지기도 하고 그렇죠. 사랑도 그렇고, 혁명도 그렇고, 모든 다짐이 그렇습니다. 초심을 유지하기 어려운 것은 당연하지요. 로켓을 발사할 때 조금이라도 각이 틀리면, 처음에는 작은 차이지만 먼 우주에 가면 엄청난 오차로 발전합니다. 인생도 그렇습니다. 매 시기 자신의 초심이 만든 설계도를 참조해서 자신의 궤도를 꾸준히 재설정해야 합니다. 그래야 처음에 품었던 곳에 꿈의 보금자리를 지을 수 있다고 믿어요.

짧은 계획과 긴 계획은 초심을 지켜 내는 뼈대입니다. 계획이 있는 사람은 초심을 못 잊습니다. 이제 15년 정도 기자 생활을 해 왔는데, 앞으로도 초심을 지키기 위한 노력을 계속하면 더 재미있는 일이 많이 생길 것 같아요. 지금 이 재미있는 인터뷰도 제가 초심을 지키기 위해 노력한 선물 아닐까요? 지난 기자 생활, 재미있었고요, 앞으로도 초심대로 재밌고 유익한 뉴스를 만들 수 있다면 더 행복해질 것 같아요.

_5_
기자가 되기 위해 필요한 것은?

● 기자를 꿈꾸는 친구들, 언론인이 되고 싶은 친구들이 어떤 준비
　를 하면 좋을까요?

기자가 되고 싶은 사람은 항상 신이 나 있으면 좋겠어요. 항상
신나게 들떠 있고, 항상 모든 것이 그저 새롭고, 항상 모든 것을 알
고 싶고, 그러면 좋겠어요. 무엇인가 알아 나가는 과정이 얼마나 재
밌어요? 고리타분하게 공부만 그렇게 하라는 건 아닙니다. 마음속
에 계획이 있고 항상 즐거움으로 가득 차 있으면 남에게도 즐거운
기운을 나눠 줄 수 있어요. 즐거운 이야기가 가득한 사람이 되세요.
그럼 남들도 여러분과 친구가 되고 싶을 거예요.

그럼 연예인과 기자가 다른 게 뭐냐고요? 결정적으로 다른 게 있지요. 아까 얘기했던 것처럼 신뢰와 용기를 가져야 해요. 신뢰와 용기는 어디서 올까요? 그건 신념에서 옵니다. 자기가 이루고자 하는 굳은 믿음, 포기할 수 없는 꿈이 있어야 해요. 신념이 있어야 비로소 세상을 보는 기준과 눈이 생기거든요. 기준이 없으면 아무것도 보이지 않아요. 무엇이 옳은 것이고 무엇이 잘못된 것인지, 세상은 어떻게 나아가야 하는지, 믿음이 있어야 해요. 그래야 잘잘못을 가려 가며 취재도 하고, 무언가 좋아지길 바라며 기사도 쓸 수 있어요. 모두가 행복하게 살 수 있는 세상에 대한 꿈이 없으면 현실 속에서 희망을 찾기가 힘듭니다. 희망이 많은 사람만이 어려움 속에서도 꿈을 일굴 수 있답니다. 기자는 그런 사람이에요. 황무지 속에서 희망을 일궈 내는 사람, 희망의 이야기를 퍼 올리는 농사꾼이지요. 신념을 가지려면 어떻게 해야 할까요? 무조건 많이 읽어야 해요. 다른 방법은 없어요. 그리고 많은 토론을 거쳐야 합니다. 이것은 이래서 저렇게 돼야 하는 거야, 하고 얘기할 줄 알아야 합니다. 남의 일에도 관심을 기울이는 사람, 정의감이 넘쳐 어려운 친구들을 위해 나서는 사람, 그런 사람이 기자의 피를 가진 사람입니다.

테니스 라켓을 보면 씨줄, 날줄로 격자무늬가 있잖아요. 그 씨줄, 날줄이 한두 줄밖에 없다면 테니스공이 줄 사이로 그냥 통과하겠죠. 이 씨줄과 날줄 하나하나가 개인이 갖고 있는 정보와 그에 따른 가치관이에요. 이런 생각의 줄, 그러니까 관점이 없으면 일상생활에서 벌어지는 많은 일들이 하나도 마음에 안 걸려요. 많은 분야에 걸쳐 관심이 있어야 하고, 그 관심을 통해서 주관이 생겨야 합니다. 그런 것들이 거미줄처럼 촘촘하게 얽혀야 여러분의 생각 레이더망에 기삿거리가 탁탁 걸리는 거죠. 거미줄을 많이 짓고 기다리고 있어야 해요. 그래야 남들이 모르는 얘기들도 알고, 남들이 그냥 스쳐 지나치는 일도 '이건 중요한 얘기야.' 하면서 들춰낼 수 있겠죠.

기자가 되는 길, 재밌고 즐겁고 신나게 살면서 많은 거미줄을 칠 줄 아는, 많이 알고 그만큼 행동할 줄 아는 사람이 돼야 한다고 요약할 수 있겠네요.

저는 정의감과 그것을 표현할 줄 아는 용기라고 생각합니다. 사실을 있는 그대로 얘기하는 데는 용기가 필요합니다. 그리고 용기가 있으려면, 신념이 필요합니다.

조금 전에도 얘기했지만, 반에서 주먹 쓰는 아이가 다른 아이들을 괴롭힐 때 있는 그대로 얘기하는 게 얼마나 어려운지 상상할 수 있죠. 게다가 폭력을 쓰는 아이가 한둘이 아니고 여러 명인데 "야, 너희들 이러지 마."라고 말할 용기가 쉽게 생기지는 않습니다. 화장실에 불려 가서 맞지 않을까 걱정되기도 하죠.

이때 용기와 만용의 차이에 대해서도 생각해 볼 수 있습니다. 헛된 만용도 있을 수 있죠. "선생님, 얘가 때려요." 하고 아무 생각 없이 바보처럼 얘기할 수도 있을 거예요. 그렇지만 힘센 아이가 나한테 어떻게 보복하고 나를 왕따로 만들지, 그런 걸 다 예측하고 있으면서도 얘기하려면 진정한 용기가 필요합니다.

그럼 진정한 용기가 발휘되려면 어떤 신념이 필요할까요? 힘이 있다고 해서 타인을 힘으로 눌러서는 안 된다, 사람들은 모두 동등한 인격체이기 때문에 남보다 힘이 세고 더 많이 갖고 있다고 해서 남한테 자기 뜻을 강요하면 안 된다, 이런 신념이 확실하게 있어야 합니다. 신념이 확실하면 그때 비로소 용기가 생깁니다. 누구나 다

겁나고 무섭지요. 기자들도 정말 겁이 납니다. 번지점프대 앞에 서면 누구나 겁이 나는 것과 마찬가지지요.

하지만 신념이 커지면 얘기는 달라집니다. 내가 가진 신념을 저버릴 때 겪게 될 마음의 고통이 얼마나 클지 상상할 수 있습니다. 힘이 센 아이한테 맞는 것보다 약한 아이가 맞는 걸 보고도 말하지 않아서 겪게 될 내 양심의 상처가 더 크다는 것을 아는 거지요. 차라리 고자질했다고 힘센 아이한테 맞는 게 낫다고 생각하게 되는 거예요. 사람들은 자기한테 이로운 걸 주장할 때만 용기를 내세우고, 정작 자기에게 피해가 되는 경우에는 용기라는 말을 쏙 빼 버립니다. 진정한 용기를 발휘할 줄 아는 사람을 우리는 영웅이라고 부릅니다. 영웅이 대접받는 세상이 오면 좋겠군요.

그러면 신념을 갖기 위해서는 어떻게 해야 할까요? 자기를 단련해야 합니다. 다시 말씀드리지만 특히 책을 많이 읽어야 합니다. 많이 알아야 합니다. 남을 때리는 게 얼마나 나쁜지, 인간은 하나하나가 얼마나 소중한 존재인지, 이런 것에 대해서 더 많이 알아야 신념이 생기는 거예요. 지혜와 지식이 사람에게 신념을 줍니다. 모르는 사람은 아무런 신념도 가질 수가 없지요. 흔히들 무식한 사람이 용기 있다고 하잖아요? 무식하니까 하룻강아지 범 무서운 줄 모른다고…… 그런 용기는 만용이에요. 아무짝에도 쓸모가 없어요. 진짜 필요한 용기는 아는 만큼 과감하게 실천하는 것입니다.

제일 좋아하는 언론인은 '에드워드 머로'라는 기자입니다.

20세기 중반 미국에 미친바람이 불었습니다. 매카시라는 정치인 이 빨갱이를 잡아야 한다며 정치, 문화, 사회 전반에서 난데없는 빨 갱이 사냥을 주도했어요. 미국은 이성과 합리성을 중시하는 나라 인데, 전에 없던 비이성과 광기가 판을 쳤습니다. 북한에서 인민재 판을 통해 반동이라며 사람들을 공개 처형하는 것과 별다를 바 없 는 일이 미국에서도 일어났던 것이지요. 이때 에드워드 머로라는 기자만 그것이 잘못됐다고 입을 열었습니다. 정말 쉽지 않은 용기 였지요.

용기는 신념으로부터 자라난다고 말씀드렸지요? 그런데 이때 우 리가 생각해 볼 문제가 있습니다. 상대방도 신념을 통해 나와 반대 되는 용기를 키우고 있을 경웁니다. 나는 사형 제도를 반대하는데, 상대방은 신념을 가지고 사형 제도를 찬성합니다. 나는 노예제도 를 반대하는데, 상대방은 죽어도 노예제도가 있어야 한다고 주장합 니다. 이럴 경우 정말 문제가 되겠지요. 하지만 의견이 다르다고 상 대방을 멸시해서는 절대 안 됩니다. 그게 민주주의 사회에서 대화

트루먼 대통령(좌)을 인터뷰하는 에드워드 머로(우)의 모습.

를 위한 기본 규칙입니다. 서로 다른 생각과 신념을 가진 사람들이
있으니 얼마나 재미있습니까? 모두 같은 생각과 소신을 가지고 있
으면 아마 아무런 대화도 할 수 없을 거예요. 이심전심. 모두 생각
이 같은데 무슨 대화가 필요해요. "너 알지?" "응, 나 알아." 이 정
도 대화에 머물겠지요.

신념은 그야말로 개인의 천부적 권리라는 점을 잊지 말아야 합
니다. 비록 동의하지 않을지라도 존중해야 합니다. 에드워드 머로
는 이런 얘기를 했습니다.

"지금 너희가 그 사람의 이야기를 들어 주는 것이 견딜 수 없다

면, 나는 너희가 견딜 수 없는 그 사람의 이야기를 위해서 싸우겠다."

존 스튜어트 밀의 『자유론』(1859)에 담긴 정신을 한마디로 요약했다고 볼 수 있습니다. 언론인이 되고 싶은 사람은 꼭 봐야 할 책이 바로 이 『자유론』입니다. 『자유론』의 정신을 언론의 관점에서 보면 이렇습니다. '민주주의 사회의 원칙은 남의 의견을 존중해 주는 것'이고, '비록 현재 소수 의견일지라도 그 소수의 의견이 공개적인 토론을 통해서 언제든지 다수 의견이 될 수 있도록 관용해야 한다'는 겁니다. 그래야 사회에서 민주주의가 계속 유지될 수 있지요. 남의 의견을 존중하면서 새로운 의견을 알리는 일이 바로 언론입니다. 그래서 사람들이 언론 없이는 민주주의도 없다고 말하죠. 에드워드 머로는 그런 점에서 오늘날 미국의 민주주의를 지키기 위해 언론이 할 일을 용기 있게 수행한 신념의 기자 선배입니다.

● 진로 고민은 언제 시작하면 좋은가요?

조금 전에도 말했는데, 저는 중고등학교 때 진로에 대해서 별로 고민을 못 해 봤어요. 부끄럽지만 여러분처럼 좋은 교육 기회를 갖지 못했던 것 같아요. 중고등학교 때는 학교에서 시키는 대로 공부만 하고, 가끔씩 몰래 극장에 가거나 어른들 가는 데 가서 어깨 너

머로 훔쳐 보는 게 다였지요. 나중에 대학 입학시험 점수를 받아 놓고 대충 점수에 맞는 대학교와 과에 가고 그랬거든요. 저 자신도 예외는 아니었습니다.

중학교 때 자신의 진로에 대해 생각하기 시작하는 게 좋은 것 같습니다. 그럼 우리나라가 정말 좋아질 것 같아요. 반가운 일입니다. 중학생들이 자기 미래에 대해 이야기할 수 있어야 그 사회의 건강성도 확보될 수 있습니다. 전문화된 어른들의 세계가 청소년들에게 설명될 수 있고, 미래의 주인공들이 미리 원대한 꿈을 꿀 수 있다면 사회적으로도 큰 이득입니다. "그건 나중에 알게 돼.""너희는 나중에 알아도 돼." 보통 어른들이 그런 식으로 말하는 건 어른들이 하는 일에 뭔가 떳떳하지 못한 구석이 있다는 증거입니다. 좋지 않은 것이니 아이들에게 알리고 싶지 않겠죠. 다음 세대의 주인공들에게 오늘에 대해 설명하고 알릴 의무가 어른들에게 있어요. 오늘의 현실은 미래의 주인공들로부터 빌려 온 것이기 때문입니다. 그런데 미래의 주인공들에게 보여 주기가 미안한 게 현실에는 너무 많습니다.

과연 어른들 사회의 주요 기능에 대해 여러분이 알아들을 수 있도록 쉽게 얘기할 수 있을지, 고통스러울 수 있는 일이지만 지금이 대화를 시작해야 할 때라는 확신이 듭니다.

그건 언론계뿐만 아니라 우리나라 전 사회 영역에서 공통적으로 나타나는 현상일 거라고 생각해요. 명문대에 갈 만큼 열심히 했으니까 명문대를 존중해야 한다는 식의 사회적 합의가 아직은 견고한 것 같아요. 반면 '아니다, 차별하지 말자, 사람의 능력만 보자'는 소수의 목소리가 있습니다. 이들의 목소리가 점점 힘을 얻어 가고 있지요. 이 의견에 대해 사람들이 관심을 갖기 시작했고, 적지 않은 사람들이 학벌 파괴를 위한 신념을 품게 됐습니다. 그리고 이 신념들이 우리 사회를 조금씩 변화시키고 있습니다. 저희 MBC는 시험볼 때 대학 표기를 안 합니다. 입사 지원한 사람들이 어느 대학을 나왔는지 모르는 상태에서 실력으로만 평가합니다.

불합리한 차별이 없는 사회를 만들자는 목소리가 계속 설득력을 얻고 있기 때문에 점차 변화하는 것입니다. 명문대에 대한 허위의식, 잘못 알려진 인식들이 많이 불식되고 있는 것 같아요. 옛날에는 서울대만 나오면 다 취직이 됐거든요. 요새는 안 그렇죠. 서울대를 졸업하면 시험 없이 추천서만 갖고 통과됐는데, 이제는 실력으로 사람을 뽑아요. 적어도 서울대를 나오지 않았다고 해서 시험 기회가 없다거나 하지는 않아요. 팔이 안으로 굽는다고, 명문대 나온 사람들이 자기네 대학 후배들을 뽑는 잘못된 관행이 남아 있긴 하지만, 옛날처럼 그냥 뽑아 주지는 않아요. 실력이 중요하다는 인식이 강해졌습니다.

훌륭한 일을 하는 사람들 중에서 대학을 안 나온 사람들도 많아요. 학벌보다는 실력이 중요하다는 신념을 점차 많은 사람들이 갖기 시작했으니까 세상이 변하는 것입니다. 물론 이왕이면 남들이 인정하는 대학을 가는 게 좋겠지만, 그러지 못할 경우에는 자신이 좋아하는 전공이나 일을 찾아 가는 것이 좋겠지요.

● 신문방송학과를 나와야 기자가 되나요? 방송기자가 되기에 유리한 전공이 있나요?

여러분 시대는 지금과는 많이 달라질 것 같아요. 지금 진리인 것처럼 보이는 것도 여러분이 사회에서 활동할 때는 농담처럼 느껴질 수 있어요. 10년, 20년이라는 시간은 무척 긴 시간입니다. 인터넷이 일반화된 지 10년도 안 됐어요. 하지만 인터넷은 벌써 세상의 중심이 됐습니다. 앞으로 10년 뒤에 어떤 세상이 펼쳐질지 장담할 수 있는 사람은 한 사람도 없습니다. 그러니 공중파 텔레비전의 미래도 몰라요. 당장 내년이나 후년에도 방송국들이 남아 있을지가 불확실합니다. 인터넷을 기반으로 거의 무한대의 방송국이 생기고, 또 없어질 거예요. 불과 한두 해 뒤의 이야기를 제가 지금 하고 있는 겁니다.

무슨 얘기냐면, 기자가 되고 싶다면 긴 안목으로 사회와 역사를 바라볼 줄 알아야 한다는 거지요. 신문방송학을 하는 것과 기자가 되는 것은 현실적으로 큰 관계가 없습니다. 모든 기자가 언론학자가 될 필요는 없지요. 그보다는 역사나 사회나 사람에 대한 다양한 관심을 키울 수 있는 사회과학이나 인문과학을 전공하는 것도 좋을 듯싶습니다. 어학을 전공하는 것도 재밌을 것 같고요. 저는 경영학을 전공했으니 언론과 무관한 공부를 한 셈이지만 취재하는 데 전혀 지장이 없습니다. 긴 호흡으로 멀리 보는 공부를 하면 좋겠어요.

방송기자가 되고 싶다고요? 방송기자에게는 신문기자보다 더 외향적인 성향이 필요합니다. 끊임없이 새로운 사람을 만나고 그중에서 취재원을 확보하고, 방송을 하고 사회 활동을 해야 하기 때문에 언변이 좋아야 합니다. 평소 말을 조리 있게 잘하고 설득력이 있고 재미있다는 칭찬을 받아 본 사람이면 대환영입니다. 단순히 말이 많은 것과 말을 잘한다는 것은 다르지요. 쓸모 있는 말을 적재적소에 감동적으로 전달할 수 있는 사람이면 벌써 방송기자입니다. 사실보다 더 중요한 것은 말 사이에 감춰진 감동이거든요.

마지막으로, 방송기자를 꿈꾸는 분들에게 감동이 있는 사람이 되라고 얘기해 주고 싶어요. 남보다 먼저 감동하고 남을 감동시키는 사람이 되길 바랍니다. 남을 감동시키기가 얼마나 어려운지 이미 알고 있지요? 추상적인 얘기처럼 들릴지 모르겠지만 아주 실용적인 조언이니 절대 잊지 않기를 바랍니다. 사람들은 감동을 주는 사람을 뽑습니다.

● 한 해에 기자를 몇 명이나 뽑나요?

공중파 방송에서 기자를 뽑는 수는 아주 제한되어 있습니다. 서울 지역의 공중파에서 한 해에 약 20명을 뽑습니다. 전국적으로는 100명 정도가 될 겁니다. 서울 지역의 신문사도 합치면 30~40명 정도를 뽑고요. 물론 소위 주요 언론사의 경우입니다. 크고 작은 언론사를 포함하면 적어도 수백 명을 뽑을 겁니다. 조금 전에 간단히 말씀드렸지만, 언론 환경이 변하고 있고, IPTV가 상용화되면 훨씬 많은 언론 매체가 생겨날 것 같아요. 그러면 더 많은 기자가 필요할 테고, 원하는 사람은 누구나 기자가 될 수 있는 시대가 올 거예요. 문제는, 얼마나 영향력 있는 매체에서 영향력 있는 기자가 될 것이냐는 데 있죠. 멀리 보고 지금부터 내공을 쌓는 노력이 미래의 기자에게 더 큰 영향력을 안겨 줄 거라고 생각합니다.

● 마지막으로 한 말씀 해 주세요.

오늘 이 대화의 취지가 참 좋습니다. 우리나라에 훌륭한 기자들이 많은데, 아무래도 텔레비전에 가끔 나오고 이런저런 일로 필화 사건도 겪고 해서 저를 찾아오신 것 같아요. 이런 대화가 언론 선배로서 응해야 하는 의무라고 생각합니다. 선배들의 숙제를 품앗이 한다는 생각으로 나왔습니다. 여러 학생들과 만나서 참 좋았습니다. 앞으로도 현재와 미래 사이의 다양한 대화가 계속 이어지기를 희망합니다. 감사합니다.

꿈을 향해 한 걸음 더

숙명여자중학교 3학년 전혜윤

　출판사 창비에서 MBC 기자님을 인터뷰해 보지 않겠느냐는 연락이 왔을 때, 나는 예기치 않게 생긴 기회가 기쁘기도 했지만 비리 고발 전문 기자님을 인터뷰한다는 것이 무척 어색할 것 같기도 하고 무겁고 어려울 것 같기도 해 걱정을 많이 했다. 그래서 엄마와 급하게 대책 회의를 하기도 했다. 하지만 나와 세진이가 인터뷰할 이상호 기자님을 인터넷 포털 사이트에서 검색하고 기자님께 드릴 질문도 나름대로 정리해 보면서, '너무 긴장하지 말자'는 생각을 가지고 인터뷰 장소로 향했다.

　기자님을 만나기 전에 나와 세진이는 사진을 찍었다. 우리 둘은 처음에 매우 긴장했지만 기자님과 인터뷰를 시작하면서 기자님의 푸근한 인상과 재미있는 이야기에 바로 빠져 처음에 했던 걱정을 날려 버렸다. 기자님은 우리가 하는 질문을 듣고 우리 학교생활을 예로 들어 쉽게 이야기해 주셨다. 그래서인지 인터뷰가 참 재미있었고 우리에게 필요한 내용도 많이 얻을 수 있었다.

그중에서 생각나는 것이 하나 있는데, 바로 용기에 대한 이야기다. 기자님은 "반에서 가장 힘세고 싸움 잘하는 애가 한 아이를 이유 없이 때렸을 때, 너희는 그 사실을 선생님이나 주변에 알릴 수 있니?"라고 물으셨다. 나는 싸움을 건 아이의 보복이 무서워 말할 수 없을 것 같았다. 그래서 부끄럽지만 솔직하게 "아니요."라고 답할 수밖에 없었다. 그러자 기자님은 "물론 누구나 말하기 무섭지, 복수할까 봐. 혹시 나를 때리지 않을까 하는 생각도 들고. 하지만 그 사실을 말할 수 있는 용기가 기자에게 가장 필요해."라고 말씀하셨다. 우리가 그냥 지나가듯 보는 뉴스에 수많은 기자 분들의 용기가 들어 있다고 생각하니 그것은 나에게 아주 큰 감동이었다. 그 밖에도 기자님은 우리에게 많은 이야기를 해 주셨지만, 앞의 '용기' 이야기가 내 기억에 가장 뚜렷이 남았다. 우리가 어른이 되어서 어떤 일을 해도 용기는 꼭 필요하지 않을까.

이상호 기자님과 한 인터뷰는 훗날 방송·미디어 쪽에서 일하고 싶은 나에게 뜻깊은 경험이자 여러 가지 궁금증을 해결할 좋은 기회였다. 사람들은 자기 꿈을 그저 먼 미래의 일로 생각해 그것을 이룰 수 있는 정확한 길을 생각하지 않는다고 했던가. 나도 내 꿈을 이룰 정확한 방법은 한 번도 생각해 보지 않았다. 하지만 이번 인터뷰가 나에게 내 꿈을 이룰 수 있는 '정확한 길'이 되었다. 어쩐지 멀게만, 그저 추상적으로만 느꼈던 꿈이 나에게 한 걸음 다가왔고, 나도 내 꿈에 한 걸음 가까이 다가섰다.

냉정하면서도 따뜻하게

중암중학교 2학년 임세진

　2008년 8월 19일 화요일, 지하철 3호선을 타고 안국역에 내려서 다시 2번 마을버스를 타고 감사원 앞에서 내렸다. 그리고 감사원 제3별관에서 MBC 정치부에 계시는 이상호 기자님을 만났다. 기자님이 감사원 출입 기자이기 때문이다.

　인터뷰 전날, 나는 기자님에 대한 정보를 찾아보고 사진도 검색해 보았다. 사회적으로 크게 문제가 된 사건을 많이 보도해 이름난 분이었다. 그래서인지 사진으로 본 이상호 기자님의 인상은 무섭고 차가웠다. 그런데 웬걸, 약속 장소에서 만난 이상호 기자님은 사진 속 이미지와는 달랐다. 긴장한 혜윤 언니와 나에게 썰렁한(!) 농담을 건네며 긴장을 풀어 주고 편하게 대하시는 모습에서 평범한 이웃집 아저씨 같은 다정한 면을 볼 수 있어 좋았다.

인터뷰는 우리가 질문하면 이상호 기자님이 답해 주는 형식으로 진행되었다. 많은 이야기를 나누었는데, 그중 기자를 꿈꾸는 사람이라면 용기와 신념이 필요하며 이것을 갖기 위해서는 책을 많이 읽어야 한다고 하신 점이 마음에 크게 와 닿았다. "기자는 있는 그대로의 사실을 알려야 하는 의무도 있지만, '알려져야만 하는 사실'을 알려야 하는 의무도 있다." 이 말도 머릿속에서 떠나지 않는다. 경험담 속 기자님은 기자로서 공과 사를 뚜렷이 구별하고 객관적이며 냉정했다. 하지만 우리에게 그것을 들려주는 기자님의 모습은 무척 푸근하고 다정했다. 나도 이렇게 냉정하면서도 따뜻한 기자가 될 수 있을까?

실제 현장에 계시는 이상호 기자님과 만난 것은 기자 되기를 꿈꾸는 나에게 무척 특별하고 소중한 경험이 됐다. 앞으로 내가 꿈을 실현해 나가는 데 많은 도움이 될 것 같다.

| **2** 부 |

기자가 들려주는 세상 이야기

_1_
우리는 있는 그대로의 세상을
보고 있을까?

창문의 비밀을 아시나요

스테인드글라스를 아시죠? 유명한 성당이나 오래된 교회에 가면 오색찬란한 유리 조각들이 모여 근사한 성화(聖畵)를 담고 있는 창이 있습니다. 햇살이 그 유리창을 통과할 때면 성화가 형형색색으로 되살아나며 그야말로 오묘한 느낌을 자아내지요. 스테인드글라스는 유리 공예와 채색 기술, 회화의 발달이 한데 어우러져 빚어낸 종합 예술로서, 이제는 교회 건축을 넘어서 일반 건물 곳곳에 응용되어 우리 생활을 더욱 풍요롭게 만들어 주고 있습니다.

이 스테인드글라스를 보면, 창문 너머로 존재하는 태양은 항상 평화롭고 넉넉하게 빛나고 있을 것 같다고 생각하게 됩니다. 교회 안에서 느껴지는 태양은 늘 봄이나 가을의 온화한 빛깔이지요? 날 카롭게 작열하는 한여름 태양은 어울리지 않아요. 모두 채색 유리가 주는 부드러운 느낌 때문입니다.

제가 어려서 살던 집의 창문은 모두 이중창이었어요. 내부에 있는 창은 투명한 반면, 바깥쪽 창문은 우윳빛으로 밖이 보이지 않는 불투명 유리로 되어 있었습니다. 이 간유리를 닫아 놓으면 늘 바깥 세상은 우중충한 회색빛 세상으로 느껴졌습니다. 장사 나가신 아빠와 엄마를 기다리며 줄곧 혼자 집을 봐야 했던 저는 간유리 표면에 새겨진 무늬를 바라보다 그 속에서 엄마의 얼굴을 찾아보기도 하고 좋아하던 짝꿍의 모습도 불러 보면서 시간을 보냈답니다.

창문은 내가 머물고 있는 공간과 바깥세상을 연결해 주는 소통의 틀입니다. 벽은 그야말로 단절을 뜻하는 막힌 공간인 데 반해 창문은 밖으로 열려 있지요. 그래서 저는 창문을 좋아한답니다. 혼자 있는 걸 즐기지만 소외되는 건 외로우니까요. 창문은 세상과 적당한 거리를 유지시켜 주면서도 같은 공간에 함께 있다는 위안을 줍니다. 창이 넓은 서재에서 거리를 오가는 사람들을 바라보며 이런 저런 생각에 잠겼다가 어둠이 오면 낮에 본 것들을 글로 옮기는 생활을 저는 늘 꿈꿨지요. 제게 창문은 그만큼 소중한 친구입니다. 여러분도 창문을 좋아하나요? 창문에 관한 재미있는 추억들이 있나요? 오늘 제가 여러분과 함께 생각해 보고 싶은 이야기도 바로 이 창문에 관한 것이랍니다.

백화점에 가 보셨지요? '백 가지 물건이 있는 가게'라는 뜻의 백화점에는 그야말로 온갖 물건이 다 있잖아요? 그런데 그곳에는 한 가지 비밀이 있답니다. 딱 하나 없는 게 있어요. 뭘까요? 바로 창문입니다. 유독 창문이 없어요. 대부분의 백화점이나 할인점에 가면 건물 내부에서 바깥을 볼 수 있는 창문이 없답니다. 그리고 어두우니까 종일 조명을 켜 놓지요. 이상하지요? 전기 요금도 비쌀 텐데. 너무 급하게 짓느라 창문을 만들지 못했을까요? 그건 아니랍니다. 이유가 있어요. 물건을 사러 온 손님들이 창밖의 풍경을 보지 못하게 하려고 창문을 만들지 않은 겁니다. 창을 통해서 알 수 있는 모든 정보를 차단하고 오로지 전시된 상품에만 집중하고 물건을 많이 사게끔 일부러 사방을 벽으로 막아 둔 것이랍니다. 창문이 없으면 밖에 비가 오는지 눈이 오는지 알 수 없을뿐더러 해가 떴는지 어두워졌는지 시간이 얼마나 흘렀는지 알 수도 없습니다. 공간과 시간 개념이 없어지는 것이죠. 어떠세요? 이쯤 되면 조금 너무하다는 생각이 들지요?

이렇게 창문은 내가 머물고 있는 공간에서 바깥세상을 이해할 수 있게 해 주는 가장 중요한 통로랍니다. 아주 소중한 친구지요. 우리 사회에도 이런 창문과 꼭 같은 구실을 하는 게 있어요. 그게 뭘까요? 바로 언론입니다. 방송과 신문, 인터넷 사이트, 잡지 등 뉴스 매체를 통틀어서 언론이라고 하지요. 언론은 창문과 같아서 세상을 보여 주는 기능을 합니다. 언론을 통하지 않고는 어느 누구도 우리가 살고 있는 세상이 어떻게 돌아가는지 제대로 알 수가 없답니다. 공간과 시간에 대한 개념이 희박해집니다. 지구 반대편 나라에서 큰 물난리가 나고, 중국에서 멜라민 파문이 일어나 책임자가 무거운 벌을 받고, 국내에서 탤런트 최진실 씨가 갑작스럽게 숨지는 등의 사건이 일어났는지 여부는 언론을 통해 알 수 있습니다. 방송이나 신문을 보지 않고도 친구들이 얘기해 줘서 알 수 있다고요? 물론 그럴 수 있지만, 그 경우도 친구들은 언론을 통해 미리 뉴스를 접했겠지요?

그런데 창문에는 여러 종류가 있습니다. 스테인드글라스가 있고, 간유리가 있고, 투명 유리도 있습니다. 마찬가지로 언론도 여러 종류가 있습니다. 어떤 신문은 세상을 빨간색으로, 또 다른 신문은 세상을 파란색으로 보여 줍니다. 크기도 다릅니다. 어떤 방송에서는 한 사건을 대문짝만 하게 다루는가 하면, 또 다른 방송에서는 그저 한 줄짜리 작은 기사로 취급하는 경우도 많지요. 서로 다른 유리 조각이 다양하게 저마다의 색과 크기로 바깥세상을 비춰 주는 스테인드글라스의 이치와 언론의 현실은 거의 일치합니다.

그럼 이 질문은 어때요? 거울은 창일까요, 벽일까요? 쉽지 않지요? 음…… 저는 거울이 창이라고 생각해요. 아주 특이한 형태의 창이지요. 한쪽에서는 볼 수 있는데 다른 한쪽에서는 보이지 않게 만들어 놓은 창입니다. 다른 쪽에서 보지 못하게 만드니까 이쪽에서 보는 내 얼굴이 반사되어 보입니다. 이것이 거울의 원리입니다. 거울은 창문과 달라서 보여 줄 것을 선택할 수가 없습니다. 무엇이든 비추는 대로 보여 줍니다. 내가 보는 것만 보이는 것입니다.

백설공주 이야기에는 심술쟁이 거울이 등장합니다. "거울아, 거울아, 세상에서 누가 제일 예쁘냐?" 하고 얼굴을 비추면, 있는 그대로의 얼굴을 보여 주지 않고 자기 맘대로 다른 이의 얼굴을 보이는 거울이지요. 한마디로 '제 맘대로' 거울이에요. 이 거울은 거울로서 해서는 안 될 짓을 했습니다. 뭘 했을까요? 네, 바로 '선택'을 한 것입니다. 있는 그대로를 비춰야 하는데 자기 마음대로 무엇을 보여 줄지를 고른 것입니다.

오늘날 대한민국의 모든 언론은 신문이건 방송이건 상관없이 모두 '선택'을 합니다. 진실을 있는 그대로 보여 주는 언론은 없습니다. 앞에 있는 비유를 빌려 말씀드리자면 오늘날 언론은 심술쟁이 거울에 가깝습니다. 스스로 선택하는 창이라는 것이죠. 아니, 그럴 리가 없다고요? 그럼 신문이나 방송에 나오는 아저씨, 아줌마 들이 거짓말을 한 거냐고요? 음…… 엄밀하게 보면 거짓말이라 할 수도 있지만, 어찌 보면 그것은 어쩔 수 없는 일입니다. 애당초 세상을 있는 그대로 전달하기는 힘들기 때문입니다. 진실을 알리는 데 중요한 것은 얼마만큼 진실성을 가지고 접근하느냐의 문제일 텐데, 그 진실성은 오로지 국민이 판단해 주는 겁니다. 언론사가 본의 아니게 오보를 했을 때 서둘러 사과하고 책임자를 처벌하는 것은 모두 국민에게 거짓말 언론사로 찍힐까 봐 두려워하기 때문이지요.

지금 내가 보는 것은 무엇일까

세상의 이야기를 왜 있는 그대로 전달할 수 없냐고요? 쉬울 것 같은데, 그게 왜 어렵냐고요? 과연 진실을 있는 그대로 전달할 수 있을까, 이것은 인류의 오랜 철학적 질문이었습니다.

한국에 있는 장미를 그 모습과 상태 그대로 미국에 보낼 수 있을까요? 시들기 전에 빨리 보내는 일도 어렵겠지만, 한국에 있던 장미와 미국에 도착한 장미가 같은 것일까요? 같은 것이라고 말하는 사람도, 다른 것이 되었다고 말하는 사람도 있을 것입니다. 무엇이 한국의 장미와 미국의 장미가 같거나 다르다고 말할 수 있는 조건이될까요? 변하는 것과 변하지 않는 것은 무엇일까요?

다른 예를 들어 보지요. 내 마음을 남에게 전할 수 있을까요? 내 맘속의 사랑을 친구에게 있는 만큼 꼭 같이 보일 수 있다면 세상은 지금보다 더 평화롭게 되었겠지요. 세상의 모든 서정시는 세상이나 연인에 대한 맘속 사랑을 드러내기 위한 시인들의 몸부림이었습니다. 그 결과 정말 아름다운 시들이 태어났는데, 그 시들이 시인들의 마음을 정확히 표현한 것일까요?

연필로 동그라미를 그려 보세요. 연필이 한 바퀴 돌아 처음 시작한 점에 도착하면 우리 마음속에 어떤 생각과 이미지가 떠오르나요? '아, 여기 동그라미가 있다.' 하는 마음이 생겨납니다. 원이 그려졌다고 생각합니다. 하지만 원의 수학적 정의는 무엇인가요? 중심점으로부터 같은 거리에 있는 점들을 빈틈없이 연결한 것이지요. 이 정의에 따르면 한 점이라도 중심점에서 떨어진 거리가 다르면, 다시 말해 조금이라도 찌그러지면 그것은 원이 아닙니다. 전혀 다른 새로운 도형이라고 봐야 할 것입니다. 하지만 실제는 어떻습니까? 눈에 두드러지지 않게 조금씩 찌그러진 동그라미를 보면서 우리는 모두 원이라고 인식합니다. 찻잔이나 밥그릇의 동그라미도 정확하게 측정해 보면 엄청나게 큰 오차가 있는 타원이거든요. 이것들을 원으로 봐 주는 것은 내 눈과 마음이 그만큼 속아 주고 있다는 증거입니다. 그럼 어디까지 속아 줄 수 있을까요? 타원과 원의 경계는 어디까지일까요? 그건 사람마다 다릅니다. 사람은 저마다 보는 눈과 받아들이는 마음이 다르기 때문입니다.

또 다른 예를 들어 볼까요. 서울에 사는 나에게는 어린 아기 키만 한 진돗개 한 마리가 있습니다. 그동안 나는 마당에서 큰 개만 키웠기 때문에 이 진돗개를 비교적 작은 개라고 느껴요. 런던에 사는 나의 친구는 아파트 안에서 작은 강아지들만 키워 왔습니다. 한국 개를 한 마리 받아 기르고 싶던 터에 나와 연락이 된 것입니다. 나는 이 개를 런던에 있는 친구에게 보내 주려고 합니다.

"한국의 진돗개는 아주 충직하고 영리해. 너도 이 개를 무척 좋아할 거야."

"그래? 어서 보고 싶다. 그런데 나는 작은 개를 좋아하는데, 그 개는 어떠니?"

"응, 작아. 내가 길러 본 개들 중에 가장 작지."

"잘됐다. 그럼 안전하게 보내 줘. 내가 공항에서 기다릴게."

며칠 뒤 공항에 나간 런던 친구, 서울에서 온 진돗개를 보고 그만 기절초풍했답니다. 개가 너무 컸기 때문이지요. 생각의 차이가 컸던 거예요. 이렇게 현상은 모두 자기만의 눈으로 보고 자기만의 생각으로 저장하는 것이기 때문에 같은 대상을 봐도 마음속에 인식하는 결과는 아주 달라집니다.

눈에 보이는 것을 전달하기도 이렇게 어려운데, 눈에 보이지 않는 것을 전달하기는 얼마나 더 어려울까요? '과연 보이지 않는 진리를 전달할 수 있을까?'라는 질문을 놓고 서구의 철학자들은 오랜 시간 갑론을박을 거듭해 왔습니다. 여러분도 들어 본 적 있을 소크라테스는 '진리를 남에게 전할 수 있다'고 주장한 대표적인 철학자입니다. 그는 계속해서 질문해 나가는 과정을 통해 진리의 실체에 도달할 수 있다고 주장하며, 진리 탐구의 방법으로 이른바 '문답

법'을 제시했습니다. 무엇인가를 아는 것은 자기가 그만큼 모르고 있던 것을 깨닫는 것이라는 말도 남겼지요. 특히 "너 자신을 알라."는 오늘날까지도 널리 알려진 소크라테스의 명언입니다. 그런가 하면 보이지 않는 것은 알 수도, 남에게 전할 수도 없다는 주장을 펼친 철학자들도 많습니다. 우리가 흔히 소피스트라고 부르는 일군의 철학자들은 '모든 진리가 상대적이며, 절대적인 진리는 존재할 수 없다'고까지 주장했습니다. 사물이 보는 관점에 따라 달라지는 만큼 인간이 절대적 진리를 파악할 수 없다고 생각한 것이지요. 과연 누구의 생각이 맞을까요? 먼 나라 철학자들의 비현실적 토론이라고 생각할지 모르지만, 사실 이것은 전 세계 언론인 모두가 매일매일 일상에서 겪는 고민이랍니다.

어떤 이야기를 누군가에게 전한다는 것은 쉽지 않은 일임에 분명합니다. 세상에 존재하는 수많은 기호와 이미지와 역사를 몇 글자 단어에 담아서 누군가에게 이야기한다는 것은 위험천만한 일입니다. 세상에 존재하는 수많은 이야기들 중에 한 가지 이야기를 선택할 때 벌써 처음으로 내 편견이 끼어들고, 다시 그 이야기를 전달하는 과정에서 어떤 단어를 골라 어떤 방식으로 조합할지 선택하는 동안 또 한 번 내 편견이 개입되며, 이렇게 해서 만들어진 이야기를 상대방이 보거나 읽을 때도 상대방의 편견이 작용하게 됩니다. 크게 보면 편견이 세 번 작용하고 그에 따른 정보 뒤틀림 현상이 발생하는데요, 사실은 훨씬 많은 단계에 훨씬 강력한 왜곡이 일어납니다. 내 생각과 남의 생각은 기본적으로 아주 다릅니다. 내가 생각하듯 남도 생각할 것이라고 믿는다면 큰 오산입니다. 따지고 보면 소크라테스나 소피스트들은 오늘날의 커뮤니케이션학과 교수님들이었습니다. 언론의 전달 효과와 한계에 대해 앞서서 고민한 분들이죠.

여기 네 줄짜리 방송 뉴스 기사가 하나 있습니다.

"저는 시청 앞 광장의 촛불 집회 현장에 나와 있습니다. 어림잡아 5000명가량의 시민들이 모여 미국산 쇠고기 수입 반대 구호를 외치고 있습니다. 이들은 집회를 마치고 서서히 명동 쪽으로 행진을 시작하고 있습니다."

이 기자는 시청 앞 광장에서 시위 중인 '시민 5000명'을 보았습니다. 하지만 다른 신문에서는 '불과 500여 명의 운동권'이 나와 가두시위를 벌였다고 기사를 작성했습니다. 가장 기본이 되는 사실 관계부터가 크게 다릅니다. 실제로 2008년 촛불 시위 당시 많이 있던 일입니다. 왜 이런 일이 일어났을까요? 그것은 먼저 이 시위를 바라보는 기자의 시각이 달랐기 때문입니다. 어떤 일을 바라보는 시각이나 관점이 다를 경우 전혀 다른 이야기가 나오게 됩니다. 시위의 정당성을 옹호하는 언론이 볼 때는 참가자들의 숫자를 후하게 셈해 줄 여지가 큽니다. 적극적으로 구호를 외치지 않고 시위대의 주변에 모여 있는 사람들까지도 잠재적 시위 참여자로 분류하지요. 하지만 시위의 정당성을 부정하는 매체의 기자 눈에는 참여자의 숫자도 적어 보일뿐더러 주변에 모여 있는 사람들은 그저 행인일 뿐입니다. 집회 참여자 수에 대한 계산부터 차이가 나는데, 다른건 오죽하겠습니까? 시위의 정당성을 옹호하는 쪽에서 보면, 주부들이 밀고 온 유모차는 유해 식품으로부터 가정과 아이를 지키기위해 나선 '아름다운 동행'이나 '눈물겨운 저항'일 겁니다. 하지만반대쪽에서 보면, 죄 없는 아이를 앞세워 사회 혼란을 부추기는 '불법 시위 전위대'나 '매정한 엄마의 총알받이'일 수도 있었겠지요.실제로 당시 보도는 크게 두 갈래로 나뉘었고, 그 자체로 한국 언론의 현실을 드러내 주었습니다.

생각이 다르면 보는 것도 다르고, 그것을 근거로 남에게 전하는말도 달라집니다. 사실관계를 판단하는 기준도 다르고 어떤 이야기를 들려줄까 하는 생각도 달라집니다. 언론들은 저마다의 눈으로 하루 동안 벌어진 숱한 이야기들 중 몇 가지만 골라 시청자나 독자 들에게 전합니다. 방송이나 신문을 통해 세상의 이야기를 접하는 우리가 늘 깨닫고 있어야 하는 기본적인 사실입니다. 하지만 실생활에서 우리는 너무도 쉽게 이 사실을 잊습니다. "어느 방송에서이랬대" "어느 신문에 이렇게 났어."라며 사실인 것처럼 말하고 그대로 받아들이는 경우가 많습니다. 어느 한 신문 기사나 어느 한 방송 뉴스만 전부라고 생각하고 그대로 믿어서는 안 됩니다. 그저 참고 자료로 활용하세요. 반드시 추가 확인이 필요합니다. '크로스체크'라고 하지요. 그렇게 힘들어서야 어떻게 방송 뉴스를 보고 신문 기사를 읽겠느냐고요? 어쩔 수 없습니다. 그런 만큼 더욱 다양한 경로를 통해 진실에 접근하려고 노력해야 합니다. 자신만의 눈으로 세상을 볼 수 있는 능력을 키워야 합니다.

하나의 거울 앞에서만 질문하지 말고 다른 거울에게도 물어보세요. 다양한 거울에게 묻고 많은 창문으로 밖을 보세요. 자기만의 스테인드글라스 창문을 만들어 보세요. 한 빛깔, 한 조각 창문으로만 세상의 빛을 담지 마세요. 다양한 색·다양한 크기·다양한 모양이 어우러진 스테인드글라스로 아름다운 안식을 얻듯, 다양한 관점과 다양한 이야기를 품은 다양한 매체를 통해 균형 있게 세상을 받아들이기를 바랍니다. 그러다 보면 언젠가 여러분의 마음속에는 여러분만의 예쁜 창이 만들어질 겁니다. 그렇게 만든 나만의 창문을 열심히 닦아서 바깥세상과 올바르게 소통하는 여러분이 되기를 바랍니다.

_2_
세상을 바꾼 특종 이야기

로마의 호민관과 역사 속 기자의 꿈

우리는 모두 더 나은 세상을 꿈꾸며 삽니다. '지금, 여기'가 아니라 '내일, 저기'를 생각해 보십시오. 더 나은 세상에 대한 기대로 콧노래가 나오고 가슴속에는 희망이 샘솟게 됩니다. 중고등학교를 졸업하고 입시 지옥에서 벗어나는 대학 진학을 꿈꾸노라면 절로 행복한 기분이 들지요? 뭔가 할 수 있다는 희망이 느껴지지요? 우리는 나와 남의 행복과 사회와 역사의 진전을 꿈꾸며 오늘을 살아갑니다. 나만의 안위에 안주하기보다 우리 모두의 희망을 찾아 나서고 싶은 사람들 중 많은 사람들이 기자가 되기를 꿈꿉니다. 자신의 출세와 돈에 관심을 갖기보다 주변의 어려운 사람을 돌아보고 사회

문제에 대해 과감하게 발언하는 것을 좋아한다면, 당신은 기자의 피가 몸속에 돌고 있는 사람입니다. 기자의 꿈을 품은 사람들은 우리 사회의 '지금, 여기'에 좌절하거나 안주하지 않고 '내일, 저기'를 준비하며 희망합니다.

물론 사회 발전을 꿈꾸는 사람이라면 기자뿐 아니라 정치가나 행정 관료, 시민 운동가 등 다양한 직업을 선택할 수 있을 것입니다. 그러나 기자는 흔히 '무관의 제왕'이라고 불리죠. 기자는 아무런 관직이나 지위도 갖지 않으면서 가장 낮은 곳에 몸을 두고 세상의 주인인 시민의 권리 구현을 돕고 궁극적으로 그들의 꿈이 실현되는 것을 돕는 사람입니다. 물론 기자의 일상은 고되죠. 하지만 힘든 만큼 보람도 큽니다.

외국 신문사 이름에는 '트리뷴'(Tribune)이라는 단어가 많이 들어갑니다. 그중에는 「시카고 트리뷴」 「인터내셔널 해럴드 트리뷴」처럼 유명한 신문도 있지요. 이 트리뷴이라는 말을 사전에서 찾아보면 로마의 '호민관'이나 '인민의 보호자'라는 뜻이 있다는 것을 알게 됩니다. 오늘날 신문에 트리뷴이라는 이름을 붙이는 것은 로마 시대 호민관의 임무를 신문의 소명으로 이어받고자 하는 마음의 표현입니다. 로마 시대 평민의 대표로서 평민들을 위해 봉사하고 헌신하던 훌륭한 호민관을 잊지 않겠다는 다짐일 겁니다. 아무런 대가도 바라지 않으면서 어려운 처지에 있는 사람들을 도와 세상을 더 나은 곳으로 바꿔 보려던 역사 속 호민관의 꿈. 어때요, 멋있지 않나요? 그게 바로 기자의 꿈이랍니다.

이렇게 근사한 기자의 꿈을 실현한 분들이 동서고금에 많이 있습니다. 왕의 독선과 독단을 참지 못하고 백성의 편에서 따끔하게 꼬집던 조선 시대의 사간원 관리와 충신 들도 따지고 보면 오늘날 기자의 소임을 다한 분들입니다. 목숨을 아까워하지 않고 왕의 잘못을 지적하던 그들의 용기는 오늘날 많은 기자 후배들에게 귀감이 되고 있습니다. 동양의 선비들이 목숨보다 '의로움'을 강조했다면, 서양의 기자 선배들은 '정직'을 강조했지요. 동서양 언론의 역사는 서로 다르면서도 통하는 측면이 있습니다. 양쪽 모두 그 바탕에는 약자에 대한 '덕'과 강자에 대한 '비판'의 정신이 있었지요. 약자를 위하고 강자를 견제함으로써 세상을 더 좋게 만들겠다는 기자 정신이 가장 잘 녹아 있는 사건은 무엇일까요? 역사를 바꾼 특종을 생각해 봅니다.

기자는 죽일 수 있지만 취재를 멈추게 할 수는 없다

미국에는 마약 거래와 살인도 마다하지 않는 무서운 범죄 집단, 마피아가 있습니다. 미국은 평범한 사람도 무기를 자유롭게 가질 수 있는 나라인데 범죄 집단이야 오죽하겠습니까. 마피아가 각종 무기로 중무장하고 있기 때문에 일반인은 물론이고 경찰도 그들에게 접근하기가 아주 조심스럽지요. 아무도 손대지 못하는 사이에 마피아는 거대한 독버섯으로 자라났고 사회의 안정을 위협하는 주요 원인이 되었습니다. 그런데 모두가 눈감는 불의를 지적하고 나선 사람이 바로 「애리조나 리퍼블릭」이라는 신문의 '돈 볼스' 기자입니다. 사건 폭로를 주로 하던 돈 볼스는 이 마피아 문제를 취재하기 시작합니다. 주변 사람들의 경고와 마피아의 위협이 있었는데도 뜻을 굽히지 않았습니다. 그가 마피아의 불법 거래를 속속들이 밝혀내자, 마피아는 돈 볼스 기자를 죽여 버리겠다고 협박하기에 이릅니다. 하지만 돈 볼스 기자는 취재를 멈추지 않았습니다.

1976년 6월 2일, 돈 볼스 기자가 마피아에 관해 제보하겠다는 사람을 만나러 약속 장소인 호텔로 갔습니다. 하지만 제보자는 나타나지 않았습니다. 이상하다고 생각하고 주차장에 세워 둔 자신의 차로 돌아간 돈 볼스. 그가 차의 시동을 거는 순간 차에 장치된 다이너마이트가 폭발해, 그는 그 자리에서 중상을 입고 열흘 뒤 목숨을 잃고 말았습니다. 슬픈 이야기죠. 비극입니다. 하지만 이야기는 여기서 끝나지 않습니다.

용감한 돈 볼스 기자의 취재 의지와 비극적 죽음이 미국 전역에 알려졌습니다. 그러자 그의 정신을 따르겠다는 기자들이 회사에 휴직계를 내고 전국에서 모여들기 시작했습니다. '기자는 죽일 수 있지만 취재를 멈추게 할 수는 없다'는 것이 돈 볼스를 따르는 기자

돈 볼스 기자의 사고 현장을 보도한 「애리조나 리퍼블릭」 기사.

들의 신념이었습니다. 이들은 그 후 무려 3년간이나 애리조나 지역
의 마피아 문제를 취재, 보도했습니다. '애리조나 프로젝트'라고 불
린 합동 취재를 통해, 사회 변화를 위한 언론의 적극적인 취재·보
도 방식이 '탐사 보도'라는 이름으로 자리 잡게 되었습니다. 많은
기자들이 한마음으로 해낸 탐사 보도는 결국 애리조나 지역의 마피
아를 척결하는 계기가 되었고, 덕과 비판 정신을 모토로 하는 미국
의 대표적 기자 단체인 '탐사보도협회'(IRE) 창립의 기초가 되었습
니다. 돈 볼스와 그의 동료들이 일궈 낸 애리조나 마피아 특종은 현
대 언론의 정신을 우뚝 세운 역사적 특종으로 자리매김했지요.

세상을 바꾼 특종 이야기 · **125**

세상을 더 좋게 바꿀 수 있다고 믿는 기자들이 있는 한 세상은 쉽게 썩지 않을 것입니다. 인류가 쌓아 온 역사적 성취는 결코 무너지지 않습니다. 소금이 그냥 먹기에는 짜고 역겨워서 쓸모없을 것 같지만, 소금을 친 덕에 상하지 않고 오랫동안 두고 먹을 수 있는 음식이 참 많지요. 소금의 용도는 일일이 말하기 힘들 정도로 많습니다. 소금이 사라진 우리 밥상은 상상할 수도 없습니다. 언론의 비판 기능도 소금의 구실과 닮았습니다. 그것 때문에 불편한 사람이 있겠지만, 그것이 있어 사회가 건강하게 유지되어 역사 발전의 흐름이 역행하지 않도록 돕는 것입니다.

거짓말쟁이를 몰아낸 언론의 힘

언론의 구실이 세상을 썩지 않게 하는 것이라면, 그 가능성은 과연 어디까지일까요? 미국 최고의 정론지인 「워싱턴포스트」의 '워터게이트 사건 보도'가 그 답을 보여 줍니다.

워터게이트 보도는 역사 발전에 이바지한 언론의 최대 공적으로 평가받는 희대의 특종입니다. 내용은 대강 이렇습니다. 1972년 6월에 워싱턴 워터게이트 호텔에서 불법 침입자 다섯 명이 '우연히' 붙잡혔습니다. 이들은 놀랍게도 당시 닉슨 대통령을 재선시키려고 일한 위원회와 관련이 있는 사람들이었습니다. 이들이 왜 그곳에 숨어 들어갔을까요? 수사 결과, 그들은 닉슨 대통령의 상대 진영인

민주당 사무실이 있던 그 건물에 도청 장치를 설치하려 했던 것이었습니다.

사람들은 그때까지만 해도 이들의 범행이 닉슨 대통령과 직접 관련 있다고는 생각하지 못했습니다. 하지만 「워싱턴포스트」의 새내기 기자 밥 우드워드와 동료 칼 번스타인의 생각은 달랐습니다. 정부 내부 제보자의 도움으로 취재를 거듭할수록 사건의 전모가 서서히 드러났습니다. 선거법 위반과 탈세 혐의가 먼저 밝혀졌지요. 닉슨 대통령과의 연관성도 서서히 나타나기 시작했습니다. 하지만 닉슨 대통령은 결코 도청과는 관련이 없다고 거듭 주장했습니다. 혹시 워싱턴 일대에 계엄령이 내려질지도 모른다는 우려가 제기되었고, 자칫하면 「워싱턴포스트」도 경영상의 어려움에 처할 것이라는 위기의식이 고조되었습니다. 하지만 거짓말이 그리 오래가지는 못했습니다. 닉슨 대통령이 백악관 집무실에서 워터게이트 사건과 관련해 나눈 대화가 녹음된 테이프가 있다는 사실이 드러났기 때문이지요. 녹음테이프에는 닉슨 대통령이 수석 보좌관인 로빈슨 핼드맨에게 '경찰이 도청 사건을 백악관과 연결하지 못하도록 하라'고 지시하는 내용도 고스란히 담겨 있었습니다. 결국 사람들은 알게 되었죠. 대통령이 거짓말을 하고 있다는 사실을 말입니다.

여론은 급격히 악화되었고, 닉슨 대통령이 반대했지만 결국 문제의 테이프는 백일하에 공개되고 맙니다. '정직'을 중요하게 여기

워터게이트 사건을 다룬 영화 「대통령의 음모」(1976)의 포스터.

는 서양적 가치관이 크게 작용한 결과일 것입니다. 거짓말하는 대통령을 쫓아내야 한다는 여론이 들끓었고 탄핵 투표가 시작되었습니다. 그리고 닉슨은 미국 역사상 처음으로 임기 중 비리 때문에 탄핵당하는 대통령이 되고 맙니다.

「워싱턴포스트」의 우드워드와 번스타인, 두 기자는 언론인에게 최고 영예인 퓰리처상을 받았습니다. 두 기자의 목숨을 건 탐사 보도는 거짓말을 일삼은 대통령을 물러나게 함으로써 사람들에게 정직이 얼마나 소중한 가치인지를 깨닫게 해 주었을 뿐만 아니라, 정치인의 재산 공개와 그에 대한 공개 검증을 제도로 정착시키는 계기가 되었답니다. 언론이 역사 발전과 사회 개량을 위해 얼마나 큰일을 할 수 있는지 잘 보여 준 사례지요. 또한 이 일이 있은 뒤, 기자와 언론사 들이 저마다 민감한 사회문제를 취재하고 보도하는 일에 더 적극적으로 나서게 되었답니다.

6·10 민주항쟁의 초석이 된 두 줄 기사

너무 외국 이야기만 나누니 재미도 없고, 괜스레 의기소침하게 되지요? 우리나라에는 의미 있는 역사적 특종이 없을까요? 걱정하지 마십시오. 우리나라 선배 기자들도 근사한 특종을 많이 일궈 냈답니다. 그중 딱 하나만 소개해야 한다면, 저는 「중앙일보」의 '박종철 학생 고문 사망 보도'를 고르겠어요. 군사독재가 언론에 재갈을 물린 1980년대 「중앙일보」 신성호 기자의 특종 보도는 군사독재의 야만성을 세계만방에 알리고, 보도된 지 채 반 년도 안 돼 일어난 '6·10 민주항쟁'의 도화선이 되었습니다. 6·10 민주항쟁을 기점으로 우리나라는 건국 이래 이어진 근대화시기를 넘어 비로소 진정한 민주국가로 거듭났습니다. 그만큼 신성호 기자의 특종 보도는 역사적 가치가 큽니다.

역사적 사건의 첫 발자국이 늘 그렇듯이 이 보도도 아주 평범한 일에서 시작됩니다. 1987년 1월 15일, 대검찰청에 출입하던 신성호 기자는 한 검찰 간부 방에 취재하러 들렀다가 지나가는 말 한 마디를 듣습니다. "경찰들 큰일 났어." 신 기자는 그 한 마디를 놓치지 않았습니다. 이때 노골적인 질문을 던지는 것은 아예 취재를 포기하는 행위라고 할 수 있습니다. 그래서 신 기자는 자신도 그 일에 대해 알고 있다는 듯이 추임새를 넣어 주었답니다. "그러게 말입니다. 요즘 경찰들 너무 기세등등했어요." 하고요. 검찰 간부는 바로 그 추임새 때문에 결정적인 단서를 제공하게 됩니다. "그 친구 대학생이라지? 서울대……"

"경찰들 큰일 났어."

"그 친구 대학생이라지? 서울대……"

이것뿐입니다. 하지만 특종 기자에게 이 두 마디는 모든 것을 얘기해 주는 보도 자료와 같았습니다. 당시 정세를 종합해 보면, 그 검찰 간부의 말은 '운동권에 속해 있던 서울대 학생이 경찰의 무리한 조사를 받다가 사망했다'는 것을 뜻했습니다.

이런 내용을 직감한 신 기자는 이내 그 간부의 방을 나와 검찰 간부 몇 명을 더 만난 뒤, 학생에 대한 구체적인 정보와 그 학생을 조사한 기관을 마저 파악합니다. 그리고 반나절 만에 당시 석간이던 「중앙일보」는 사회면 5단 기사로 첫 소식을 보도했습니다.

그런데 당시 경찰의 총수이던 강민창 치안본부장은 역사적인 코미디로 남을 해명 발표를 하지요. '수사관이 책상을 탁 치며 추궁하자 갑자기 억 하고 쓰러졌다'는 것입니다. 국민의 의혹과 분노는 신문의 기사 크기나 방송의 뉴스 시간까지도 일일이 정하고 단속하던 '보도 지침'으로도 막지 못했습니다. 그동안 독재 치하에 숨죽이고 있던 언론들은 이 사건을 크게 다루기 시작했고, 결국 박종철 학생에게 경찰이 '물고문'을 자행한 사실까지 밝혀냅니다.

사망할 때 박종철 학생의 나이는 21세. 아버지가 월급 20만 원을 받아 힘겹게 가르쳐 대학에 보낸, 그야말로 가문의 희망이었습니다. 하지만 어린 대학생 박종철은 자신보다는 억압받는 사람들을 위해 학생운동을 시작했고, 군부독재는 20대 초반의 이 연약한 대학생을 좁다란 취조실에 가둬 놓고 고문하다 그만 숨지게 한 것입니다. 아무런 저항도 할 수 없던 국민을 총칼로 짓밟고 대통령 자리를 차지한 군부독재는 또다시 물고문 끝에 국민을 죽이고 말았지요. 군부독재와 정보기관 안기부의 탄압이 예상됐지만, 신성호 기자는 굴하지 않았습니다. 신 기자의 특종 보도는 약자의 편에서 약자를 지키려는 '의로

1987년 1월 15일자 「중앙일보」, 7면 기사.

움'이 반영된 전형적인 한국형 특종 보도입니다.

한번 분출된 국민의 분노는 서슬 퍼런 군부독재의 총칼로도 억누르지 못했습니다. 그리고 5개월 뒤인 6월, 대한민국 전역에서 시민의 정당한 권리를 요구하는 사람들의 외침이 들끓었고, 결국 군부독재는 무릎을 꿇을 수밖에 없었습니다. 「중앙일보」의 첫 보도로 시작된 언론의 진실 추구와 잇따른 보도는 모처럼 대한민국 언

론의 정도(正道)를 보여 주었고, 6·10 민주항쟁 이후 언론의 사회적 책임을 생각하게 해 주는 중요한 계기가 되었습니다.

특종은 '기자 생활의 꽃'입니다. 아름다운 것은 아름다운 만큼 고통이 따릅니다. 겨울의 긴 침묵을 이겨 내야만 봄에 꽃을 피워 낼 수 있습니다. 수백 년이 지나도 변하지 않을 아름다움을 지닌 도자기는 무려 섭씨 1000도라는 고온을 견뎌 낸다는 사실을 잊어서는 안 됩니다. 언뜻 보기에 특종이 우연히 저절로 오는 것 같지만, 오랜 시간 준비하지 않고서야 그 우연에 숨은 가치를 잡아 낼 수 없다는 것을 알아야 합니다. 특종 기사를 통해 멀리 있는 사람들에게까지 의로움의 향기를 전파하고 싶지 않으십니까? 그럼 지금부터 시작하십시오. '지금, 여기'에 좌절하지 않고 '내일, 저기'를 바라보기 위한 특종 기자의 '꿈꾸기'를 말입니다.

_3_
좌충우돌 새내기 기자 되기

대한민국 기자 고시

언론사 입사 시험을 흔히 '기자 고시'라고 부릅니다. 왜 하필 기자 시험에 고급 공무원 채용 시험인 '고시'라는 이름이 붙었을까요? 그건 아마도 다른 고시와 마찬가지로 턱없이 높은 경쟁률과 합격만 하면 따라오리라 기대하는 사회경제적 '혜택'을 빗대어 표현한 것이 아닌가 싶습니다.

사실 일부 아시아 국가들을 제외하고, 미국이나 유럽 여러 나라의 방송사에서는 대부분 시험 형식이 아니라 경력 기자 제도를 통해 필요한 사람을 뽑습니다. 지역 신문이나 방송에서 시작해 그곳에서 인정받은 기자들이 점점 경력을 쌓아 전국 규모의 언론사로 진출해 나가는 제도입니다. 런던의 문화 중심인 웨스트엔드의 뮤지컬 무대에 서기 위해 시골 무대에서부터 경력을 쌓아야 하는 영국 배우들처럼 말입니다.

하지만 우리나라는 중앙 집중도가 높은 나라입니다. 정치·경제·사회·문화 등 모든 면에서 중앙으로 가치가 집중되어 있지요. 그런 상황에서 구미 각국에서 시행하고 있는 경력 기자 제도가 정착되기를 기대하는 것은 무리일 수 있습니다. 특단의 환경 변화가 없는 한, 현재의 시험을 통한 신입 기자 채용 방식은 상당 기간 계속될 것으로 보입니다. 그렇다면 기자 선발 시험은 지금보다 좀 더 마땅하게 바뀌어야 할 것입니다. 물론 세월에 따라 조금씩 변화하고 있지만 예나 지금이나 크게 달라지지는 않았습니다. 영어 시험을 봐야 하고, 한글세대로 태어나 한글 언론을 주도할 사람들이 한자어, 사자성어 시험을 봅니다. 신문에 난 온갖 잡학과 시사용어를 달달 외워야 합니다. 그런 시험보다는 누가 더 남의 말을 잘 듣는지, 누가 사람과 사회에 대한 애정이 더 깊은지, 누가 사회 개혁을 위해 더욱 쓸모 있고 비판적인 논리로 무장했는지, 더 나아가 누가 더 기자의 직분을 수행하겠다는 의지가 깊은지를 측정해야 하지 않을까요?

20년 전, 저는 대학교 신문사에서 편집장 일을 했습니다. 그 시절 저와 동료들은 수습기자를 선발하면서 '성실성과 끈기'를 기자가 지녀야 할 최고의 덕목으로 삼은 기억이 납니다. 시험 시간은 무제한이었습니다. 그 대신 작성해야 하는 답안의 양도 아주 많았지요. 오후부터 시작한 시험은 새벽까지 이어졌고, 우린 가장 마지막까지 남은 지원자에게 보너스 점수를 주었습니다. 마지막까지 자리를 지키던 지원자들의 답안 내용은 대부분 가산점을 받을 만큼 우수했습니다.

졸업 후 저는 진짜 기자가 되고 싶었습니다. 하지만 시험공부는 하기가 싫었습니다. 두꺼운 영어 단어집과 고사성어집, 일반 상식 관련 책과 국어 책이 낯설게만 보였습니다. '기자를 꼭 시험으로 뽑아야 할까? 뽑아만 준다면 정말 열심히 잘할 수 있을 텐데……' 아쉬움만 커져 갔습니다. 모든 시험이 그렇듯 절박하게 준비하지 않은 사람에게 요행이란 없습니다. 혹시나 하는 마음에 몇 차례 시험을 봤지만 번번이 미역국을 먹었습니다. 시간이 갈수록 자신감이 사그라지고 제 청춘에도 긴 겨울이 찾아왔습니다.

고시를 인생의 마약이라고 합니다. 혹시나 하는 마음 때문에, 끊으려야 끊을 수 없는 마약 같은 것이지요. 기자 시험도 마찬가집니다. 시험을 준비하는 과정에 벌써 마음의 절반은 기자가 돼 버립니다. 다른 직업은 눈에 들어오지 않습니다. 서서히 불안감이 밀려와 쌓이고 장래에 대한 희망에도 짙은 그늘이 드리웁니다. 대학교를 졸업하고 백수 짓을 해 보지 않은 사람은 재수, 삼수를 밥 먹듯 해

대는 기자 수험생의 처지를 이해하기 어렵습니다. 먼저 취직한 친구들이 어두침침한 도서관에 자리 잡고 공부하는 저를 찾아올라치면 마음은 더 심란해집니다. 일할 직장이 없다는 것이 어쩌나 사람을 움츠러들게 만드는지……

그때마다 저는 제게 왜 기자가 되고 싶은지 다그치듯 물었습니다. 인간에 대한 사랑, 사회악에 대한 혐오, 역사의 현장에서 살아 있음을 느끼고 싶은 열정…… 무엇보다도 기자가 되고 싶다는 열망의 밑바닥에는 사람들에게 긍정적인 영향을 끼치고 싶다는 마음이 자리 잡고 있었습니다. 이것만은 포기할 수 없었습니다. 겉으로는 평온하게 흘러가는 일상의 감춰진 음모를 찾아내 드러내고 싶었습니다.

슈퍼탤런트를 꿈꾸다

그렇게 기자 시험에서 여러 번 미역국을 마시고 있을 때였습니다. 신문 스크랩을 하던 중 KBS에서 제1회 슈퍼탤런트 선발 대회를 개최한다는 기사가 눈에 들어왔습니다. 슈퍼탤런트로 선발되면 주연급 연기자로 캐스팅하고 실력만 있으면 토크쇼의 사회자로도 키워 준다는 것입니다. 상금 수천만 원과 함께 꼼 연수까지 보장돼 있었습니다. 눈앞이 확 밝아지는 느낌이었습니다. "연기자와 기자가 뭐가 다를까? 똑같은 '방송인'이 아닐까? 차이라면 '기자'에 '연' 자를 하나 더 붙인 것뿐 아닌가?” 생각해 보니, 두 직업 모두 사람들에게 긍정적인 영향을 주는 일이었습니다. 물론 기자는 이성적 영향을 끼치는 반면, 연기자는 감성적 영향을 끼치지요. 하지만 두 직업 모두 자신의 노력으로 사람들이 ‘세상이 그래도 살 만한 곳’이라고 느끼도록 돕는다는 점에서 같은 기능을 수행하는 직업으로 느껴졌습니다. 모두가 행복한 세상에 이르도록 하는 벗이요, 때로 사회 전체를 위해 정당한 분노를 일깨워 주는 광대인 것입니다. 제게 중요한 것은 ‘형식’보다 ‘내용’이었습니다.

저는 그날로 원서를 냈습니다. 춤을 추고 노래도 불렀으며 눈물을 흘리며 연기도 했습니다. 모두 1만 4500명이 겨룬 끝에, 저는 당당히 본선 진출자 40명 안에 들었습니다. 유년 시절 성탄절 성극에 단역으로 출연해 본 게 연기 경험의 전부인 제가 당당히 슈퍼탤런트 대회 출전자로 선발된 겁니다. 하지만 제 주변 사람들 모두가 저를 말렸습니다. 대학원 동료와 후배 들은 하나같이 제게 정신 차리라며 막아섰습니다. 가장 당황하신 분들은 바로 부모님이었습니다. 저는 부모님께 무릎을 꿇고 말씀드렸습니다.

“이제 저희 시대는 직업의 이름이 중요한 게 아닙니다. 누가 무엇을 하는지, 그러니까 행위자의 ‘브랜드’가 중시되는 시대가 옵니다. 저는 ‘연기자’로서 제가 꿈꿔 온 ‘기자’의 삶을 구현해 나갈 겁니다. 시대와 사람들과 함께하면서 함께 웃고 함께 우는 진정한 광대가 되겠습니다."

부모님이 제 눈빛을 응시하셨습니다. 그리고 제 손을 잡아 주며 저를 믿어 주셨습니다. 슈퍼탤런트 본선 진출자로 뽑혀 한 달 가까운 시간 동안 아주 새로운 삶을 체험했습니다. 평생을 광대로 산다고 해도 충분히 의미 있을 것만 같았습니다. 오로지 관객과 시청자의 즐거움과 행복만을 위해 종일 궁리하며 울고 웃고 찡그리며 사는 직업이 있다는 걸 알았습니다. 인생을 의미 있게 사는 길은 단 하나가 아니라 아주 많다는 것도 깨닫게 되었습니다. 자신이 가지 않았다고 해서 다른 길이 덜 소중한 것은 아니었던 것입니다.

슈퍼탤런트 선발 대회 본선이 생방송으로 치러지기 직전 심사위원들의 사전 면접이 있었습니다. 수험자석에 올라가 보니 심사위원석에 몇몇 원로 연기자들이 눈에 띄었습니다. 그중 강부자 선생님이 제 이력서를 보더니 "이런 경력이면 PD나 기자를 하는 게 좋지 않겠어요?" 하며 지원 동기를 집중적으로 물어보셨습니다.

"저는 원래 사람들에게 좋은 영향을 끼치는 기자를 꿈꿨습니다. 하지만 이젠 연기자도 같은 일이라고 생각합니다. 텔레비전을 통해 안방으로 찾아가 일상의 삶에 지친 사람들에게 즐거움을 나눠 주고 싶습니다. 억울한 사람들을 대신해 그들의 한도 풀어 주고, 힘 있는 자들을 속 시원히 혼내 주는 연기도 해 보고 싶습니다."

간곡히 호소하는 제 마음과는 달리 강부자 선생님과 나머지 심사 위원들의 반응은 냉담했습니다. 아마도 연기자를 하겠다는 주장이 다소 억지처럼 여겨졌던 것 같습니다. 하지만 15년이 지난 오늘도 저는 기자와 연기자의 사회적 구실이 크게 다르지 않다고 느낍니다. 생활에 지친 사람들에게 가슴이 뻥 뚫리는 시원한 보도를, 억울한 사람들의 한을 풀어 주는 반가운 보도를, 힘 있는 자들의 위선을 꾸짖어 주는 준엄한 보도를 지향해 온 이유도 바로 그것입니다. 그렇게 저는 한때 '연기자' 지망생에서 사회 고발을 수행하는 '기자'로의 길을 이어 오고 있습니다.

15년 전 슈퍼탤런트 선발 대회는 밤늦게 끝났습니다. 저는 끝내 금·은·동, 본상을 수상하지는 못했지요. 여의도 맨해튼 호텔에서 뒤풀이가 있었습니다. 한 신문사의 취재기자는 제가 마지막까지 상위권에 있었는데 왜 떨어졌는지 모르겠다며 위로해 주었습니다. 버스를 타고 호텔을 떠나며 얼굴에 짙게 칠한 분장을 지웠습니다. 제 얼굴을 닮은 작은 꿈 하나가 한강을 따라 흘러갔습니다. 멀어져 가는 창밖의 여의도를 보며 다짐했습니다. 여의도에 꼭 돌아오겠다고…… 그때는 제 본래 꿈대로 기자가 되어 연기자의 작은 꿈까지도 함께 이룰 것이라고 말입니다.

한동안 우울증에 시달렸습니다. 하지만 저는 일어났습니다. 하나뿐인 인생을 그렇게 망치고 싶지는 않았습니다. 기자 시험을 다시 준비했습니다. 시험제도가 옳든 그르든 간에 일단 저는 시험을 통과하기로 마음먹었습니다. 영어 단어를 외우고 사자성어도 익혔습니다. 그 전에는 불필요하다고 느끼던 모든 것을 달게 했습니다. 이미지트레이닝도 했습니다. 몇 날 며칠을 왜 기자가 되어야 하는지, 어떤 기자가 될 것인지 마음속에 그려 보았습니다. 저는 그렇게 기자 되기를 진심으로 원하고 있었습니다.

몇 달 뒤 여름, MBC 기자 시험을 보았고 가을이 되어 전화 한 통을 받았습니다. 합격이었습니다! 1년 만에 여의도로 돌아올 수 있었습니다. 연기자가 아닌 기자로 말입니다.

저는 늘 생각합니다. '나는 기자의 모습으로 억울한 사람의 한을 풀어 주고 권력의 비리를 응징하는 연기자일 뿐'이라고 말입니다.

그토록 원하던, 나는 기자다!

한 달간의 사내 연수가 시작됐습니다. 선배 기자들은 이 시기가 인생에서 가장 행복한 시기라고 했습니다. 선배들의 말은 옳았습니다. 언론사 입성의 꿈을 이루고 앞으로 다가올 날들에 대한 기대에 부풀어 하나하나 준비해 나가던 그 시기가 지금도 설렘으로 되살아납니다. 연수 기간 중 저는 보도본부에서 당대 최고의 앵커라 할 수 있는 엄기영, 백지연 선배를 봤습니다. 그들의 얼굴에서는 광채가 느껴졌습니다. 방송사 엘리베이터는 층마다 낯익은 스타들을 토해 냈습니다. 모르는 사람들인데도 인사하게 되더군요. 제가 드디어 방송사에서 일하게 된 것입니다. 하지만 아직 어느 곳에도 제 자리는 없었습니다. 빨리 시작하고 싶었습니다. '찬란한' 수습기자 생활을 말이죠.

수습기자가 되면 6개월 동안 사회부 사건팀 경찰 취재 담당이 되어 기자의 기본 소양과 취재 실무를 익히고 정식 기자로 태어납니다. 그렇습니다. 말 그대로 기자로 '다시 태어나는 것'입니다. 그동안 입고 살던 일반 시청자의 옷을 벗고 기자의 옷으로 갈아입는 시기입니다. 당시에는 서울 시내에 모두 서른 곳의 경찰서가 있었습니다. 수습기자는 대략 경찰서 서너 곳을 맡아 선배 기자로부터 취재 지시를 받는데, 수습 기간 중에 집에 가는 것은 거의 불가능합니다. 기자실이라고 이름 붙어 있는 경찰서 내 작은 골방에서 숙식을 해결해야 합니다.

제가 처음 배치된 곳은 서대문, 은평, 마포 경찰서 등이 있는 지역이었습니다. 지역 내에 서울서부지검과 서부지법, 연세대, 서강대, 홍익대, 이화여대와 세브란스병원 등 주요 기관들이 몰려 있어 수습기자가 취재하기에는 실로 광활했습니다. 경찰서가 네 곳인데, 경찰서마다 형사계·조사계·수사계·정보계 등에서 발생하는 주요 사건과 현안을 챙겨서 밤 12시에 1진 선배 기자에게 보고해야 일과가 끝나게 돼 있었습니다. 그러나 순도 높은 사실관계, 즉 팩트 확인을 요구하는 선배의 추가 취재 지시를 이행하다 보면 어느새

새벽 2~3시를 훌쩍 넘기기 마련이었습니다.

기자라는 이름으로 첫 취재를 하며 저는 비로소 느꼈습니다. 전날까지도 몰랐던 새로운 세상이 펼쳐진 것입니다. 시청자나 독자가 아닌 현장의 기자로서 바라보는 세상은 달랐습니다. 일상적으로 하던 일도 그 내용을 기사로 옮겨 놓으면 아주 낯선 사건이 되었습니다. 의식하지 않고 주고받던 숱한 말들도 사실관계를 따져 기사로 적어 놓으면 별 의미 없는 한 줄 기사에 불과하기도 했습니다. 밤새 나눈 이야기가 한 줄 기삿거리도 되지 않다니요. 일상생활에서 나누는 대화들이 얼마나 비사실적인지, 얼마나 비기사적인지 절감했습니다. 대화가 끊임없이 이어지지만 오가는 내용은 온통 추론으로 가득 차 있으며 개인적 감상에 그치고 있었습니다. 남의 말을 전하고 있지만 그사이에 살이 붙어서 원래 발언과 천양지차였습니다. 이런 사실을 알게 되면서 글쓰기가 두려워졌습니다. 방송기자는 글이 아닌 말로 세상의 이야기를 전달해야 하는 사람입니다. 시간이 갈수록 말하기도 두려워졌습니다.

수습기자로서 취재한 첫날의 기억은 모든 기자에게 소중한 자산일 겁니다. 취재에 대한 노하우가 없는 만큼 순전히 자신이 살아온 밑천으로 승부해야 하는 날이 바로 이날이기 때문입니다.

먼저 경찰서 형사계에 들어가면 누가 피의자인지 누가 형사인지 구별하기가 쉽지 않습니다. 착하고 온순하며 심지어 병약해 보이기까지 하는 양복쟁이들이 건장한 남자 앞에서 고개를 숙이고 조사받는 모습을 보게 됩니다. 굵직한 손가락이 컴퓨터 자판에 비해 엄청나게 커 보이는 검은 점퍼들이 작은 책상 앞에서 분주히 자판을 타격합니다. 용의자들보다 더 우락부락한 외모의 형사들, 이들을 상대로 사건의 내막을 들춰내야 하는 것입니다.

적당히 상냥하게 물어보면 형사들은 아예 쳐다보지도 않습니다. 그렇다고 강압적인 취재 방식을 쓸 수도 없는 일이고요. 거대 권력과의 한판 싸움을 꿈꾸고 시작한 기자 일이지만 첫날부터 쉽지 않습니다. 어쩔 수 없습니다, 인간적으로 사정하는 수밖에. 다소 비굴한 생각이 들어 찝찝하지만 달리 대책이 없습니다. '형님'이라는 말이 떨어지지 않지만 난생처음 본 형사에게 말을 걸었습니다.

"형님, 저 오늘 처음 출입하는 MBC 이상호 기잡니다. 많이 좀 가르쳐 주세요. 근데 이건 무슨 사건입니까?"

대개의 경우 역시 별 대꾸가 없습니다. 귀를 쫑긋거리며 형사 주변을 서성이는 수밖에 없죠. 그러다 보면 시간은 무심하게 잘도 갑니다.

대개 수습 기간에는 잠자는 시간이 따로 없이 24시간 동안 두세 시간마다 한 번씩 자기가 맡은 구역의 사건, 사고 등 현황을 파악해 선배에게 보고해야 합니다. 워낙 다루는 내용들이 폭발적이거나 위험한 것이 많다 보니 확인에 확인을 거치는 과정은 필수입니다.

수박 겉 핥기식 취재로는 선배로부터 치도곤을 피하기 힘듭니다. 그러니 수백 가지 취재 상황을 선배의 도움을 받아 가며 나름대로 체험하고 스스로 깨치는 수밖에 없습니다. 취재는 실로 몸으로 부대끼며 체득하는 것이었습니다.

이제는 다시 못 올 저의 수습기자 시절, 좌충우돌하며 구름 위를 걷는 듯한 날의 연속이었지만 그날들의 행복감은 잊을 수 없을 겁니다. 좁은 기자실 구들장이나 형사계 구석의 작은 소파에서 토막잠을 청하던 날들이 그립습니다. 그 첫날 밤의 마음으로 돌아가 오늘도 힘겨운 하루를 잘 살았다고 격려하며 잠을 청하고 싶습니다. 그토록 원하던, 저는 기자니까요.

_4_
진정한 칭찬의 날까지
카메라출동!

고발? 고발! 굴하지 않는 보도 정신

카메라출동. 뭔가 찔리는 구석이 있는 사람들에겐 여전히 섬뜩한 단어일 겁니다. 몇 해 전에 자취를 감춰 버렸지만, 얼마 전까지만 해도 MBC 메인 뉴스인 「뉴스데스크」의 주요 고발 꼭지에 붙은 이름이었습니다. 지금은 '현장출동'이라는 이름으로 그 명맥을 이어 가고 있지요. '카메라출동'은 국내 처음으로 고발 프로그램의 장을 열어서, 방송 초기에는 매회 엄청난 사회적 반향을 불러일으켰습니다. 국무총리실 안에 '카메라출동'의 보도 내용만 담당하는 개선팀이 따로 생겼을 정도니까요. 시간이 흘러 이제는 방송 3사가 저마다 메인 뉴스 안에 고발 꼭지를 운영하고 있고, MBC의 「시사

매거진2580」이나 KBS의 「취재파일4321」, SBS의 「뉴스추적」 같은 별도의 고발 프로그램도 생겼지요.

'카메라출동'의 장점은 뭐니 뭐니 해도 특유의 뚝심에 있었습니다. 각 언론 기획보도팀의 효시가 된 카메라출동팀은 별달리 취재 기한을 정해 놓지 않았습니다. 그날 있었던 뉴스를 매일매일 신속하게 보도해야 하는 다른 기자들과는 달리, '카메라출동'의 기자들은 며칠이 걸리든 취재의 완성도를 높이기 위한 장기 취재를 보장받았습니다. 일단 취재를 통해 제작을 마친 보도는 외부의 압력에 밀려 빠지는 경우가 거의 없었습니다. 기사에 직접적으로 관계된 사람들이 첨예하게 대립하거나 고발을 당하는 사람들의 반발이 거셀 때, 법률 검토를 거쳐 기사의 일부 표현을 수정해 보도한 경우가 가끔 있었을 뿐입니다. 그러나 그런 일은 아주 예외적이고 제한적으로 이뤄졌어요. 그것도 담당 기자가 동의했을 때나 가능한 일이었지요. 이것은 '현장출동'으로 이름이 바뀐 지금도 마찬가지입니다.

잠깐 다른 얘기를 하겠습니다. 여러분, 국민의 4대 의무에 무엇무엇이 있는지 알고 있나요? 여기에는 국방의 의무, 교육의 의무, 근로의 의무, 납세의 의무가 있습니다. 특히 '국방의 의무'는 나라를 지키기 위한, 어찌 보면 가장 기본적인 의무라 할 수 있어요. 다른 의무와 달리 필요한 경우에는 목숨까지 바쳐야 하기 때문에 네 가지 의무 가운데 가장 꺼리는 것이기는 하지만, 국가를 외적의 침입으로부터 지키는 중요한 의무라서 제대로 이행되지 않으면 결국 나라는 망합니다. 그런데 이 의무를 피하는 경우가 있어요. 이것은 비단 오늘날의 일만은 아니지요. 고려 때 귀족 가문에서는 집안 자제들을 대거 절로 피신시키거나 힘없는 사람들을 대신 군에 보내는가 하면, 심지어 뇌물을 써서까지 국방의 의무를 피하기 위해 애썼습니다. 그 결과는 참담했습니다. 나라가 망했으니까요. 나라가 망하면 국민은 보호받을 길이 없습니다. 나라가 없는데 어떻게 국민이 있을 수 있겠어요. 하루아침에 모든 것을 잃고 노예 상태로 전락하게 됩니다. 나라를 지키지 못해 일본 제국주의의 식민지가 된 조선의 백성도 그랬습니다. 국방의 의무를 다하는 병역은 그래서 조금도 양보할 수 없는 중요한 원칙입니다.

제가 카메라출동팀에 있을 때 이 병역 비리 사건이 터져 나왔습니다. 권력층에 있는 사람들이 돈을 써서 군대를 안 간다는 얘기가 파다하게 나오기 시작했습니다. 사회적으로 오랫동안 곪아 온 문제가 드디어 터져 나오기 시작한 것입니다. 저는 회사로 출근하지 않고, 당시 병무청이 있던 서울역 근처 후암동 일대에서 살다시피 했습니다. 군법무관들을 비밀리에 만나고 군 주변의 뜻있는 분들과 많은 대화를 나눴어요. 특히 지금은 옷을 벗으셨지만 병무 비리를 담당하던 수사팀의 한 수사관께서는 저에게 많은 정보를 주셨지요. 그래서 두 달 남짓 만에 국회의원과 고위 관료 들의 이름이 망라된, 이른바 병역 비리 리스트를 만들 수 있었습니다. 비록 리스트를 모두 공개할 수는 없었지만, 다양한 방법을 통해 사실 확인을 거친 보도를 내보낼 수 있었고 검찰 수사도 더욱 탄력을 받았지요. 그런데 당시 중진 국회의원이던 A씨가 골칫거리였습니다. 보도를 막기 위해 다양한 압력을 행사해 왔어요. 특히 저와 절친한 친구를 앞세워서 자신과 자신의 아들에 대한 취재를 중지해 달라고 부탁해 왔습니다. 친구와의 신의가 있어서 힘들었지만 기자로서 원칙을 포기할 수는 없었습니다. 더구나 카메라출동팀은 다른 취재 부서보다 원칙을 더욱 중시하는 곳이었습니다. 인연에 연연해 작은 원칙들을 하나둘 포기해 가면 어떻게 될까요? 나중에는 이것도 저것도 아닌 뒤죽박죽의 '맘대로'만 남을 겁니다. '맘대로'만 남으면 대한민국은 힘없는 사람의 맘과는 달리 힘 있는 사람들만의 '맘대로' 공화국이 되겠지요.

이렇듯 각 방송사의 고발 프로그램이 영향력을 유지하는 데 가장 필요한 것은 원칙을 지켜 나가겠다는 기자들의 의지입니다. 더 건강한 사회를 만들기 위해서라면 어떤 위협이나 인연에도 굴하지 않는 기자들의 보도 의지와 행동을 통해 언론은 언론에 주어진 사명을 수행해 나가는 것입니다. 짜고 씁쓸하지만 요리에 빠져서는 안 될 소금처럼 '카메라출동' 같은 고발 프로그램은 우리 사회에 잠시 아픔을 주는 경우는 있어도 없어서는 안 될 존재입니다.

진정한 칭찬의 날까지 외쳐라, 카메라출동!

한편 「칭찬합시다」라는 프로그램이 있었습니다. MBC의 효자 상품이었지요. 워낙 국민 프로그램으로 자리를 잡아 당시 김대중 대통령이 출연자들과 연출자를 직접 청와대에 불러 식사를 대접할 정도로 잘나가는 프로그램이었습니다. 남을 칭찬하면서 자신들도 칭찬받는 풍경이 제게는 무척 생소했고 또 부러웠습니다. 사실 칭찬이 저와는 정말 먼 얘기였거든요. 저는 '칭찬합시다'가 아니라 '고발합시다'를 외치고 있었고, 고발 보도가 나간 뒤에는 칭찬보다는 온갖 반발과 탄압이 몰려왔거든요. 언론 중재 신청과 민사·형사 소송이 줄을 이었고, 종종 전화기 너머로 죽여 버리겠다는 위협을 받기도 했습니다. 같은 직장에서 하는 일이 이렇게 서로 다를 수도 있다니! 이런저런 생각에 세상살이가 재미있게도, 슬프게도 느껴졌습니다.

1999년 저희 회사의 연중 캠페인 주제가 '칭찬합시다'였습니다. 출퇴근 때마다 현관에 크게 써 붙여 놓은 현수막의 문구도 '칭찬합시다'였지요. 매일 아침저녁 이 문구를 읽으며 혹시 나는 회사의 방침을 정면으로 거스르고 있는 것이 아닌지 끊임없이 되물어야만 했습니다. 사장님은 칭찬하라고 하는데, 나는 반대로 고발만 하고 있지 않은가······ 그러는 사이에도 공익적 버라이어티 프로그램 「칭찬합시다」의 인기는 하늘 높은 줄 모르고 치솟았습니다. 이 프로그램의 성공은 '용서합시다' '사랑합시다' 등 새로운 청유형의 시대를 열었습니다. 칭찬의 물결이 관공서는 물론 가정에까지 넘쳐 났습니다. 백화점과 은행 같은 일반 기업에서도 칭찬 주인공을 선정한다며 떠들썩한 분위기였습니다. 저 역시 「칭찬합시다」를 보며 밀려드는 감동에 눈시울을 적실 때가 많았습니다. '아! 그래도 세상은 살 만한 곳이구나.' '저런 사람도 있는데 나는 지금 무얼 하고 있나? 더 열심히, 더 성실히 살자.' 하고 반성해 보기도 했습니다. 하지만 텔레비전을 끄고 창밖을 보면, 어쩌면 이렇게 세상은 반대로 흘러가고 있는지요. 세상은 갈수록 험악해져 가고 고관대작들은 나 몰라라 하는데 오로지 힘없는 백성만 착해 빠졌더군요. 나라를 위해 봉사해야 할 국회의원들보다 하루하루 고된 노동 속에 살아가는 우리네 이웃들이 오히려 나라 걱정, 사람 걱정에 속을 태우고 있는 현실, 이 현실 앞에서 저는 저 자신에게 물었습니다. 지금이 과연 칭찬할 때냐고 말이지요.

물론 칭찬을 통한 고발도 있습니다. 이른바 '칭찬식 고발'이라는 것인데요. "칭찬은 고래도 춤추게 한다"고 하지요. 그만큼 칭찬은 소중하고 그 힘이 큽니다. 그래서 전체가 엉망인 가운데 유일하게 제대로 굴러가는 곳이 있다면 그 한 곳을 칭찬하지요. 그러면 나머지 전체가 개선되는 효과가 나타나기도 합니다. 모두가 공부를 게을리하는데 딱 한 사람만 열심히 할 때, 그 학생을 칭찬해 주는 것은 전체 학생들이 좀 더 열심히 공부하는 계기가 될 수 있습니다. 하지만 칭찬은 쉽지 않습니다. 만일 그 칭찬이 잘못된 것이면 사태는 걷잡을 수 없이 악화됩니다. 어떤 학생이 커닝을 해서 좋은 점수를 받았는데 그 학생을 칭찬하면, 다른 학생들은 칭찬이 잘못된 것을 알고 칭찬의 권위를 인정하지 않겠지요? 그럼 칭찬은커녕 고발도 할 수 없게 됩니다. 그런 만큼 칭찬은 결코 쉽게 할 수 있는 일이 아닙니다. 억울한 피해자가 단 한 사람이라도 나오는 것을 막기 위해서도 고발이 정당하게 이뤄져야 하듯, 나머지 모든 사람의 정당성을 위해 칭찬은 더욱 조심스럽게 해야 합니다. 정당한 칭찬이 뿌리내리려면 합당한 비판 혹은 고발과 조화를 이뤄야 합니다.

온 사회가 칭찬으로 흥청망청할 때, 저는 생각했습니다. 그리고 떠들썩하게 스포트라이트를 받고 있는 칭찬 주인공들을 하나하나 보았습니다. 그들은 대개 정부의 손길이 닿지 않는 어두운 곳을 찾아 봉사하던 사람들입니다. 무의탁 노인들을 자기 부모 이상으로 봉양하고, 갈 곳 없는 장애우들을 친자식처럼 키우는 칭찬 주인공들입니다. 그들에 대한 칭찬은 진정 소중한 일입니다. 하지만 이렇게 생각해 볼 수도 있지 않을까요? 그들은 결국 나라와 우리 사회가 해야 할 일을 대신한 착한 개인들인 것입니다. 물론 정부도 완벽할 수는 없습니다. 그런 만큼 정부의 손이 닿지 않는 영역은 착한 이웃들의 사랑으로 채워야겠지요. 하지만 정부의 책임과 개인의 봉사는 엄연히 선후 관계가 있어야 합니다. 착한 개인의 봉사는 칭찬받아 마땅하지만, 사회복지 예산은 개인의 얇은 주머니가 아니라 정부의 금고에서 지불돼야 합니다. 우리가 세금을 내는 이유가 바로 여기에 있지 않을까요?

「칭찬합시다」가 칭찬받는 세상! 우리가 유의해야 할 점이 바로 그것입니다. 개인의 희생과 봉사에 대한 지나친 강조는 국가의 잘못을 감춰 줍니다. 또한 국가가 해야 할 일을 제대로 하지 못하고 있을 때 이것을 가리는 커튼이 될 수도 있습니다. 정부는 제 할 일을 해야 합니다. 착한 개인을 칭찬함으로써 자기 잘못을 숨기려 해서는 안 됩니다. 그런 까닭에 이따금 「칭찬합시다」에 나와 칭찬 주인공을 격려하며 얄팍한 봉투를 내밀고 가는 국회의원이나 보건·복지 담당 고위 공무원 들을 보면, 아무리 예쁘게 보려고 해도 예뻐 보이지 않더군요. 관료나 정치인 들이 정작 해야 할 일은 텔레비전에 얼굴을 내밀고 마치 자신이 일반 국민보다 우위에 있는 사람인 양 남을 격려할 것이 아니라, 스스로 몸을 낮춰 사회적 소수자·장애우·서민 대중을 위해 합당한 법을 만들고 충분한 복지 예산을 지원하는 것일 테니까요. 해야 할 일을 게을리 하는 사람에게는 칭찬보다는 고발이 약이 됩니다. 칭찬이 정당성을 가지려면 제대로 된 고발이 반드시 필요합니다.

크리스마스이브에 공연하는 연극 중 「크리스마스 캐럴」이 있습니다. 구두쇠 스크루지 영감이 크리스마스를 맞아 자신의 비참한 미래를 보고 와서는 깨달은 바가 있어 남에게 베푸는 사람으로 거듭난다는 내용이지요. 시간이 지날수록 스크루지 영감의 대사 한마디가 새롭게 다가옵니다.

"나는 빈민 구제 성금을 벌써 냈는데 때만 되면 또 돈을 내라고 하다니…… 도대체 빈민 구제소는 무엇 때문에 있는 거요?"

스크루지가 빈민 구제소 활동을 위한 성금을 또다시 요구하는 자선 단체 사람에게 한 말입니다.

저는 국민이 낸 세금이 약속대로 잘 쓰이는지 감시하고 고발하는, 당당한 스크루지 영감으로 남을 작정입니다. 언젠가 MBC의 연중 캠페인이 '고발합시다'로 선정돼 회사 현관에 '고발하자'는 현수막이 걸릴 날이 있기를 바랍니다. 고질적인 사회악이 집중적인 고발을 통해 백일하에 드러나고, 억눌린 양심이 더는 불의에 침묵하지 않아도 되는 정의로운 세상을 그려 봅니다.

칭찬은 그 뒤에 해도 늦지 않습니다. 마땅히 해야 할 일을 칭찬하면 칭찬의 가치는 떨어지기 마련입니다. 칭찬이 헤프면 아이를 망친다고 했습니다. 그런데 매를 아껴도 아이를 망치지요. 모두가 맡은 일을 제대로 하는 가운데, 그 이상을 하는 사람이 엄밀한 검증을 거쳐 칭찬받아야 하지 않을까요? 그렇기 때문에 상 주기가 벌 주기보다 어려운 것이 아닐까요? 잘못된 벌은 당사자 한 사람이 피해를 보는 것으로 그칠 수 있지만, 잘못 준 상은 그 상을 받지 못한 나머지 모두에게 피해가 됩니다. 착한 시민이 나랏일을 '대신 했다'고 방송이 칭찬하고, 기업인이 세금을 '탈세하지 않았다'고 국세청장이 표창하고, 공무원이 뇌물을 '먹지 않았다'고 특진하는 일들이 앞으로는 없어지길 바랍니다.

진정한 칭찬의 날이 올 때까지 저는 계속 외칠 것입니다. "카메라출동!"이라고……

_5_
로보캅 기자가 온다

변화하는 언론 환경의 길목에서

언론의 역사는 장구합니다. 문자의 발명과 함께 언론의 역사가 시작됐다고 볼 수 있겠지요. 물론 문자가 있기 전에도 말이 있었지만, 문자는 좀 더 많은 사람이 시간에 구애받지 않고 소통할 수 있는 매체가 되었지요. 그리고 문자가 생겨나고 한참 뒤 역사의 어느 구비쯤에선가 남에게 어떤 소식을 알리기 위해 전문적으로 글을 쓰는 사람이 생겨났을 것입니다. 근대적 의미의 언론의 역사는 그리 오래되지 않았답니다. 불과 수세기 전부터 언론의 활동이 시작되었습니다. 특히 인쇄술과 출판 산업의 발달은 본격적인 대중 언론의 시대를 열어 주었습니다. 그중에서도 신문은 단연 최고의 매체였습니다. 20세기 중반 라디오와 텔레비전 방송이 본격적인 언론 매체로 등장하기 전까지 가장 중요하고 영향력 있는 매체로 자리매김했습니다.

우리나라 언론의 역사도 마찬가집니다. 우리 나름대로 언론의 역사가 있었지만, 서양의 신문 문화는 좀 늦게 들어와 19세기 후반부터 시작되었습니다. 그리고 20세기 중반까지 신문은 거의 유일한 언론 매체로 절대적인 기능을 해 왔습니다. 신문이 한국에 소개된 시기가 한참 늦은 반면, 라디오와 텔레비전 언론은 외국과 거의 같은 시기에 시작됐다고 해도 과언이 아닙니다.

1960년대 전 지구적 과학 기술의 발달에 힘입어 대량생산된 라디오와 텔레비전 수상기는 이 매체들이 언론으로서 갖는 영향력을 크게 높여 주었습니다. 우리나라에서도 이 무렵에 수많은 사람들이 방송 언론사를 개국했지요. 1970년대 이후 본격적인 방송 뉴스가 언론의 구실을 자임하고 나섰지만, 그때만 해도 방송기자들은 기자로서 인정받지 못했습니다. 사람들은 기자라면 신문기자가 제격이라고 생각했지요.

그러다 1980년대 들어 컬러텔레비전이 일반 가정에 보급되면서 언론 환경이 급진전합니다. 촬영 장비 역시 'ENG'라는 새롭고 간편한 것으로 바뀌면서 방송 언론 환경은 그야말로 날개를 달았지요. 뉴스의 형식, 내용, 영향력 면에서 방송 언론은 언론 시장의 중요한 위치를 차지하게 됐습니다. 텔레비전이 소개된 지 30년도 되지 않아 생긴 일이자, 지금으로부터 거슬러 올라가도 30년이 채 안 된 이야기입니다. 그만큼 텔레비전은 여전히 살아 움직이는 언론입니다. 이제 기자라고 하면 방송기자를 먼저 떠올리는 사람도 많지요. 방송기자를 기자로 인정해 주지 않던 사람들이 받은 충격이 얼마나 클지 짐작이 갑니다.

그런데 우리의 방송 통신 환경은 아주 새로운 방식으로 연일 변화에 변화를 거듭하고 있습니다. 세계 최고의 인터넷 환경을 기반으로 2000년을 전후해 출연한 인터넷 언론은 언론의 판을 새롭게 짜고 있습니다. 거대한 자본과 인력이 필요한 신문이나 방송 언론과 달리, 인터넷상에서는 적은 돈과 기자 몇 명만으로 간단히 언론사를 만들 수 있기 때문입니다. 실제로 매일 수많은 인터넷 언론이 생겼다가 사라지고 있습니다. 작은 고추가 맵다고, 영향력도 대단해졌습니다. 블로그를 이용한 1인 미디어 시대가 열리면서 개인이 곧 언론사가 되는 시대가 열렸습니다.

또한 정보 통신의 발달로 사양길에 접어든 것으로만 보였던 라디오 방송이 새로운 대안 매체로서 살아나고 있습니다. 인터넷과 라디오의 만남은 그야말로 환상의 조화를 이뤄 내고 있습니다. 인터넷을 통해 듣는 라디오는 전 세계를 하나의 생방송 권역으로 만들고 있습니다. 시간과 공간의 한계를 극복하는 새로운 언론 환경이 만들어지는 것입니다. 인터넷을 통한 텔레비전인 IPTV는 이런 라디오와 인터넷의 융합을 한층 더 충격적으로 언론 환경에 적용한 사례가 될 것입니다. 미국의 유명 시사 주간지 『타임』이 2006년 '올해의 발명품'으로 선정한 유튜브(YouTube)는 인터넷을 통한 개인과 개인, 개인과 집단 간의 만남이 새로운 언론의 구실을 할 수 있을 거라는 확신을 가능케 했습니다. 휴대전화와 PDA 같은 소형 송수신기를 통해 자유자재로 정보를 전달하는 방식은 가까운 미래에 지금 우리가 상상하는 것 이상의 새로운 뉴스 전달 체계를 만들어낼 것입니다. 엄청난 양의 뉴스들이 온갖 매체를 타고 넘쳐 나는 만큼, 누가 취재했으며 어떤 사람이 전달하느냐 하는 문제가 중요해질 것입니다. 그 말을 누가 했느냐, 즉 전달자의 신뢰도가 뉴스의 가치를 판단하는 데 중요한 구실을 하게 될 것이라는 이야깁니다.

로보캅 기자의 출현을 꿈꾼다

그런 점에서 미래의 언론인이 어떤 모습일지 상상해 보는 것은 무척 즐거운 일입니다. 미래의 기자는 아무래도 현재의 신문기자보다는 방송기자 쪽에 가까울 듯싶어요. 더 나아가 저는 로보캅과 같은 하이테크 기자가 나타날 것이라고 믿습니다. 우스운가요? 농담이 아닙니다. 15년 전 제가 처음 기자 생활을 시작하던 때와 비교해 보면, 벌써 제가 로보캅 기자에 근접하고 있다는 사실을 깨닫게 되거든요.

요즘 제 모습은 이렇습니다. 급박하고 은밀한 현장에는 카메라 기자가 동행하지 못하는 경우가 많습니다. 그러니 야간 투시 6밀리 미터 적외선 디지털카메라를 챙기지요. 물론 제 가방 안에는 만년 필형 녹화기가 있고 언제 어디서든 라디오 생방송을 할 수 있는 휴 대전화가 있습니다. 컴퓨터를 열면 즉각 인터넷을 통해 세계와 교 신하며 정보를 검색할 수 있고 화상 통신을 통해 텔레비전 생방송 도 할 수 있습니다. 이 모든 것이 제가 방송기자로 입사하던 1995년 에는 없던 장비들입니다. 그때는 휴대전화가 일반화되어 있지 않 아서 삐삐와 무전기를 사용했습니다. 휴대전화가 없으니 고속도로 에서 삐삐가 울려 대면 무조건 가까운 휴게소로 향해야 했지요. 구 식 컴퓨터는 그야말로 타자기에 불과했습니다. 디지털카메라도 아 직 나오지 않았답니다. 입사하고 몇 년이 지나 휴대전화가 지급됐 지만 감도가 떨어지고 자주 끊기는 데다 배터리까지 불량이 많아서 방송에 활용할 수 없었어요. 디지털카메라는 크기가 너무 커서 갖 고 다니기 곤란했고, 역시 배터리가 얼마 안 가 방전되기도 했지요. 노트북으로 작성한 단 몇 줄짜리 기사를 보내려면 느림보 전화선을 바라보며 한참 동안 초조하게 기다려야 했답니다.

저는 컴퓨터가 없던 시절과 오늘날의 인터넷 만능 시대를 모두 겪으면서, 과학 기술의 발전이 언론 활동에 얼마나 큰 영향을 미치는지 피부로 절감하고 있습니다.

과학 기술은 소형화와 간단화를 추구합니다. 1990년대 초에 나온 벽돌 크기만 한 휴대전화는 10년도 되지 않아 손목시계만 한 크기로 줄어들었습니다. 단언컨대, 머지않아 휴대전화가 귓속으로 들어갈 겁니다. 10년이 채 걸리지 않을 걸로 봐요. 또한 실용화된 음성 인식 기술로 다이얼 작동 없이 통화 상대편을 불러내며, 지구 반대편의 사람과 아무런 제한 없이 이야기하게 될 것입니다. 안경을 통한 영상 송수신이 가능해졌다는 외신 보도가 벌써 나오고 있습니다. 앞으로는 안경을 넘어서 시신경으로 직접 영상 신호를 받아 먼 곳의 광경을 눈앞의 현실로 보게 될 것입니다.

시간의 경계도 허물어지고 있습니다. 우리는 수세기 전 사람이 쓴 책을 읽으며 마치 그가 살아서 말하는 듯한 존재감을 강렬하게 느끼는 경우가 있습니다. 음성과 영상을 통해 과거의 사람과 소통할 수 있다면 그가 죽었다고 할 수 있을까요? 이를테면 죽은 아버지가 남긴 방대한 음성 및 영상 자료를 마치 눈앞의 일처럼 내 마음대로 검색하며 보고 들을 수 있다고 해 봅시다. 내 안에서 아버지는 돌아가신 분인가요, 살아 계신 분인가요?

이제 정보 통신 기술의 발전 경향을 방송 언론과 연관 지어 생각해 보겠습니다. 3G 화상전화의 출현은 방송 뉴스의 눈에 띄는 변화를 예고하고 있습니다. 전화기에 달린 카메라로 상대방을 보며 언제 어디서든 통화할 수 있다는 사실은 방송기자가 어디에 있든지 생방송을 할 수 있다는 것을 말해 줍니다. 방송기자는 방송 언론인으로서 전문적 소양을 갖추지 않으면 살아남지 못하게 될 것입니다. 왜냐하면 전 국민이 방송기자가 되는 시대가 열릴 테니까요.

방송 기술의 총아라고 불리는 방송 중계차 시스템과 화상전화를 비교해 볼까요? 한 대 가격이 수억 원에 이르는 방송 중계차는 발전차와 조명차 등 제작진 차량을 이끄는, 이른바 '함대식' 구성이 필요합니다. 필요한 인원만 최소 10여 명이에요. 그보다 발전된 위성 중계차(SNG)가 나오면서 규모는 절반 이하로 줄었지만 아직 현장에서는 제한적으로 이용되는 형편입니다. 중계차는 언제 어디서든 간편하게 영상을 송수신할 수 있는 화상전화와 비교할 수 없을 만큼 큰 몸집과 굼벵이 같은 속도로 적잖은 불편을 줍니다. 하지만 중계차를 통해 보내는 그림의 해상도는 휴대전화 영상과 비교해 큰 강점이지요. 특히 디지털화된 영상 신호는 과거에는 상상하지 못한, 그야말로 그림 같은 영상을 제공하고 있습니다. 한동안 화상전화는 신속성과 편의성을 발전시켜 나갈 것이고, 중계차는 정교한 영상미로 자신의 영역을 지켜 나갈 것입니다. 하지만 결국에는 방송 언론의 유통 시스템이 화상전화와 같은 개인 휴대 통신의 형태로 정착될 가능성이 높아 보입니다. 즉 뉴스를 화상전화로 찍고 화상전화로 보는 시대가 열릴 것이라는 얘기죠.

저는 현장 기자로서 때때로 로보캅 기자의 출현을 꿈꿔 봅니다. 기자 초년 시절, 몰래카메라를 들고 피 말리는 잠입 취재를 해 봤습니다. 어깨에 멘 카메라를 상대방이 혹시 알아차리면 어쩌나, 허리에 찬 무선 마이크가 작동하지 않으면 어쩌나, 노심초사하던 기억이 생생합니다. 실제로 폭력배들이 주도하던 유통 사기 사건을 취재하다 카메라가 발각되는 바람에 그들에게 둘러싸인 적도 있답니다. 폭력배 한 명이 저를 보고 음흉하게 웃으며 옆에 세워져 있던 검은색 승용차의 트렁크를 열자, 그 속에 있던 야구 방망이와 온갖 칼 들이 보였습니다. 저는 바로 죽을힘을 다해 도망쳐야 했고, 폭력배들은 제가 탄 승합차를 한참이나 쫓아왔답니다. 요즘도 종종 당시의 상황이 꿈에 나타나 잠을 설칩니다.

사실 확인의 필요성이 갈수록 높아지고 고발 기사 작성을 위한 증거 확보가 특히 중요해진 오늘날의 언론 상황은 로보캅 기자를 기다리게 만드는 주요 원인입니다. 비판 기사의 주인공이 된 사람들은, 온갖 방법을 동원해 자신의 과오를 부인하며 법적 대응은 물론 폭력 행사까지도 마다하지 않습니다. 갈수록 열악해지는 언론 보도 환경 속에서 순도 높은 팩트를 추구하려는 기자에게 로보캅 기자의 출현은 벌써 오래전부터 기다리던 일일 것입니다.

출동! 로보캅 기자

자! 지금부터 취재 현장에 로보캅 기자를 파견해 보겠습니다.

보도국 인터넷 망에 마약 거래 현장과 관련한 제보가 떴습니다. 제보자의 신원이나 제보 내용 등 기본적인 사실관계를 짚어 보니 제보의 신빙성이 높게 나왔습니다. 마약 거래 상황은 현장 특성상 애당초 카메라 근접 촬영이 불가능합니다. 영상 다음으로 법정에서 증거 능력이 인정되는 녹음기의 휴대 역시 곤란합니다. 그렇다면 방송을 포기해야 할까요?

여기에 우리 로보캅 기자가 있습니다. 로보캅 기자라면 할 수 있습니다. 사건 데스크는 현장 부근에 있던 로보캅 기자를 현장으로 급파합니다. 로보캅 기자는 눈에 부착된 카메라로 실시간 현장 중계를 합니다. 입으로는 지금 벌어지고 있는 상황을 전달합니다. 음성은 물론 문자로도 할 수 있습니다. 말소리가 거슬리면 아예 뇌파를 통해 음성을 송신할 수도 있습니다. 스튜디오에 앉아 있는 앵커는 현지 상황을 계속 묻습니다. 속사포 같은 질문 공세가 이어지는 거지요. 현장에 있는 마약 거래상들의 신상 정보가 필요하면 즉시 경찰청의 도움을 받아 경찰청 인터넷 망에 연결해서 그들의 전과 내역, 범행 수법, 조직 현황 등을 검색합니다. 생방송이 끝날 무렵 현장에는 생방송을 모니터하고 출동한 경찰이 벌써 대기 중입니다. 마약 거래상들은 곧 일망타진됩니다. 범행 모의 단계부터 거래,

거래 후 검거에 이르는 전 과정이 보도된 것입니다. 그런 다음 법원에 출입하는 로보캅 기자는 재판 과정을 투명하게 생중계해 줄 것입니다. 드라마나 영화같이 살아 있는 뉴스를 보고 들으며 국민은 사회의 주인이자 국가의 주권자로서 강한 자긍심을 갖게 될 것입니다. 보도를 마친 로보캅 기자는 다음 취재 장소인 여의도로 향합니다. 국회의원들의 거액 정치헌금 거래 현장을 취재하기 위해서입니다.

언뜻 장난스러운 백일몽처럼 들릴 것입니다. 하지만 1920년대 초 라디오 방송을 청취하던 사람들이 오늘날 CNN의 걸프전(1991년 다국적군과 이라크 간에 일어난 전쟁) 중계를 상상이나 할 수 있었을까요? 21세기 벽두에 시작된 인터넷 언론은 10년도 채 되지 않아서 개인 휴대 통신을 기반으로 하는 1인 언론 시대의 개막을 알리고 있습니다. 머지않아 아주 새로운 형식의 방송 언론이 시작될 것입니다.

그럼 미래 언론을 주도할 로보캅 기자가 갖춰야 할 덕목은 무엇일까요? 프로 방송기자로서의 전문성과 함께 철저하게 무장된 기자 윤리입니다. 기자는 영원한 자유인입니다. 아니, 자유인이어야만 합니다. 그래야 권력에 굴하지 않는 진정한 감시를 할 수 있고, 사회적 약자에 대한 애정이 자라납니다. 또한 언론 환경, 특히 방송 기술의 발달은 나태한 방송 언론인으로부터는 마이크를, 신문 언론인으로부터는 펜을 빼앗아 갈 것입니다.

방송 환경이 바뀌고 시청자의 요구가 달라져도 언론이 절대 잊어서는 안 될 더할 수 없이 중요한 가치가 있습니다. 바로 민주주의와 인권의 수호입니다. 정보 통신 기술이 발전하면 국민의 직접 참여 민주주의가 발달할 거라는 믿음이 있었습니다. 하지만 민주주의와 인권 수호에 대한 언론인들의 철저한 노력 없이는, 정보 통신 기술의 발전이 모든 걸 저절로 가져다주지는 않는다는 교훈을 우리는 얻고 있습니다. 실제 인터넷은 조작과 동원을 통한 여론 통제가 심각합니다. 부의 양극화에 따른 정보 수준의 차이도 심해지고 있습니다. 넘쳐 나는 정보의 홍수 속에서, 욕망과 맹목으로 가득 찬 인터넷 세상에서, 굴하지 않는 의지로 언론의 구실을 수행할 기자들이 많이 있다면 얼마나 좋을까요? 우리 모두 기다려 봅니다. 로보캅 기자의 출현을…… 우리의 순수한 마음 위로 저기 로보캅 기자가 옵니다.

전혜윤의 기자 체험기

1월 **22**일

생각지도 못한 과제가 하나 생겼다. '기사 작성해 보기'라는 과제다. 세진이한테는 별로 걱정 안 한다고, 재미있을 것 같다고 했지만 솔직히 그건 거짓말이다! 아…… 주제도 형식도 모두 다 나 혼자 결정하고 이끌어 나가야 한다는 게 막막하기만 하다.

어쨌든 기사를 쓰기로 결정했으니 기사 주제를 생각해야 한다. 아무래도 평소 관심 있던 교육이나 사회 이야기를 주제로 삼으면 재미있게 기사를 작성할 수 있을 텐데. 어디 그런 주제 없을까?

2월 **1**일

아이디어가 하나 떠올랐다.

중학생들의 방학 생활.

나는 방학이면 늘 뒹굴뒹굴 굴러다니는데 딴 애들은 방학 때 어떻게 지내나? ㅎㅎㅎ 그렇지만 이건 다른 데서도 많이 본 기사가 아닌가 싶다. 너무 밋밋한 것 같기도 하고…… 뭔가 나만의 아이디어가 돋보이는 그런 것이 없을까? ㅠㅠ 사람들이 이 주제로 쓴 기사를 보면 한 5분 생각해서 5분 동안 기사 쓰고 "끝!" 했을 거라고 생각할 것 같다.

2월 2일

오늘은 어제보다 더 구체적으로 생각을 정리해 보았다.

방학 중 중학생들의 교육 실태.

이렇게 하면 주제를 교육 쪽으로 좁혀서 기사를 쓸 수 있겠다. 게다가 오늘 오랜만에 옛날 친구를 만났다. 내가 강북에 살 때 사귄 동네 친구인데, 거기 학생들은 강남에 있는 학원까지 와서 수업을 받기도 한단다. 이건 정말 흥미로운 이야기다. 교육을 주제로 한 기사에 강남과 강북을 비교해서 넣으면 훨씬 흥미로운 기사가 될 테니까!

그렇다면 나는 강북에서 강남으로 학원을 다니는 학생들에 대한 이야기를 많이 포함시켜서, '방학 중 중학생들의 교육 실태 — 강남과 강북의 학원 실태 비교'라는 주제로 기사를 써야겠다!

2월 3일

강남과 강북의 학원 실태 비교까지 포함해서 교육 쪽으로 방향을 정했으니 이제 아이들의 의견을 들어야겠는데…… 지금 같은 주제에는 설문지를 만들어 돌리는 것도 괜찮을 것 같고, 인터뷰도 어느 정도 필요한 것 같아서 둘 다 해 보기로 했다. 이렇게 하는 게 나한테 쉬운 방법도 아니고 조금 귀찮기도 하지만……(이건 절대 바람직한 기자의 자세가 아닌데ㅆ;) 나는 할 수 있다! ㅎㅎ

2월**4**일

이상호 기자님의 조언을 듣기 위해 기사 주제와 취재 계획을 정리해서 메일로 보냈다. 기자님의 의견을 받으면 그걸 보고 나서 설문지를 작성해야겠다.

메일로 주고받은 내용 -

● **주제**

방학 중 중학생들의 교육 실태 ─ 강남과 강북의 학원 실태 비교
(강북 쪽이 더 학원을 많이 다녔다는 식의 비교 그래프도 나오게)

기자님　　재미있는 착상이기는 한데, 이 주제를 선택한 이유를 밝혀 주기 바라. 그래야 이 기사를 취재할지 말지를 편집 책임자(desk-keeper)가 판단할 수 있거든. 편집 책임자의 판단 기준은 크게 네 가지를 들 수 있어. 한번 나열해 보면 보편성, 시의성, 취재 가능성, 시청자(독자)의 관심 등이지. 먼저 보편성이란 이 주제의 기사가 과연 일반적인 이야기인가 하는 것이야. 너무 생소하거나 극히 일부에서만 행해지는 일이라서 나와 상관이 없다면 누가 알고 싶겠어. 저기에서 일어난 일이지만 나에게도 일어날 법한 일이라야 취재하는 거지. 시의성은 과연 이런 주제의 기사가 당시의 사정에 알맞은 것인가. 취재 가능성은 아이디어는 좋은데 취재를 할 수 있겠는가 보는 거야. 불가능하다면

취재를 접어야겠지. 마지막으로 이야기를 들어 줄 사람들의 예상 관심도야. 모두가 알고자 하는 마음이 없다면 그건 나만의 일기장에 적어 둬야겠지?

이 네 가지 판단 요소를 감안해서 나만의 취재 이유를 적어 보자. 주제를 선택한 이유를 보통, '주제의식' 혹은 '문제의식'이라고 부른단다. 주제의식에 대한 충분한 공감과 검토, 토론을 거쳐야 탄탄한 기사가 나올 수 있어. '왜?'라는 문제의식은 많은 비판을 건너 내야 견고한 글로 태어날 수 있어.

● **계획**

1. 취재 일기를 작성하기

2. 설문지 만들기(3일)

• 대상: 강남과 강북의 중학교 각각 1곳을 선정해 20명씩, 모두 40명에 대한 설문지를 작성.

• 주된 내용: 학원(사교육) 관련.

기자님　　강남과 강북에서 선택된 중학교가 과연 그 지역을 대표할 수 있는지에 대한 의문이 드네. 40명을 선정한 이유는 무엇인지 궁금하고. 취재 계획서 제출 단계에 설문지까지 첨부되었더라면 더 좋았을 거야. 문제의식이 설문지에 고스란히 나타나 있을 테니까.

2-1. 설문 조사(2~3일)

3. 인터뷰(1~2일)

- 대상: 강남과 강북의 중학교에서 각각 2~3명씩.

- 주된 내용: 1) 방학 중 학원을 몇 개 다녔는지?

  2) 학원의 종류는? (학업, 취미, 예체능 등)

  3) 일주일 동안 학원에서 보낸 평균 시간은?

  4) 같은 종류의 학원을 옮긴 적이 있었나?

등 설문지에서는 자세히 알 수 없는 것들을 집중적으로 질문하기.

기자님　위의 네 가지 질문은 40명에 대한 설문에 기본적으로 담겨야 할 것 같아. 그렇다면 2~3명에 대한 심층 인터뷰에서는 설문에서 담지 못한 좀 더 깊숙한 이야기가 거론되어야 할 텐데. 이를테면 학원비 부담에 대한 자식으로서의 입장이나 학원에서 정말 배우고 싶은 것은 무엇인지, 과연 이렇게 사교육에 의존하는 것이 옳다고 생각하는지 등등 말이지.

4. 자료 정리(1일)

5. 기사 작성(2~3일)

2월 **11**일

기사에 대한 전체적인 의견을 이상호 기자님으로부터 받았다.

주제에서부터 걸렸다. ㅠㅠ 주제를 선택한 이유라면 중립적인 입장에서 사교육에 대한 이야기를 담고, 강북 학생들이 강남까지 와서 사교육을 받는 실태를 고발(?)하기 위해서인데, 잘 전달이 안 된 건가? 그리고 편집 책임자가 취재 여부를 판단할 수 있다는 말씀은 킬(kill)을 고려하셨다는 얘

기? 헉, 가슴이 철렁하다. 편집 책임자의 네 가지 판단 기준에 대한 말씀
은 정말정말 중요한 정보다! 이건 기사를 쓸 때 꼭 유의해 둬야겠다. ㅎㅎ
인터뷰 때는 말씀해 주신 대로 설문지에 담지 못한 이야기들을 꼭 깊이 있
게 물어볼 거다.

스타트가 영 불안하지만 어쨌든 이제는 설문지 작성이다!

2월 25일~27일 설문지 작성

생각보다 설문지를 작성하는 일은 별로 어려운 일이 아닌 것 같다. 기자
님께 메일로 보냈던 문항들을 가지고 약간의 수정 절차를 거쳤다. 없어진
질문도, 새로 생긴 질문도 많지만 그래도 괜찮겠지? ㅋㅋ 거의 다 작성했
지만 내일 하루 마지막 최종 수정 절차를 거칠 예정이다. 천 리 길도 한 걸
음부터라는데, 벌써 반 이상 온 거다! ^^

2월 28일

드디어 설문지에 들어갈 내용을 모두 정리했다. 설문지 작성 완료!

3월 1일~3일 설문 조사

강남은 내가 직접 설문지를 돌리기로 했고, 강북은 그쪽에 사는 세진이한
테 부탁하기로 했다.

개학하자마자 아직 이름도 헷갈리는 반 아이들한테 설문지를 돌리자니
참 어색했다. 아이들 대부분이 "이거 어디서 하는 설문 조사야?"라고 물

어봐서 그냥 "출판사 창비~" 하고 대답했다. 내가 참여한 책에 들어갈 기사를 쓰기 위해서라고 말하지 않은 이유는 나중에 아이들을 깜짝 놀라게 해 주고 싶었다고나 할까.

3월 **4**일 설문지 분석 시작

어느 일에나 변수가 있으니까 혹시 설문 조사에서 다른 결과가 나와도 당황하지 않으려고 했는데, 이 변수는 거의 블랙홀 급이다. 첫 번째로는 애들한테 나눠 준 설문지 40장이 제대로 회수되지 못했다는 사실이다! 강남 15장, 강북 15장으로 마무리. ㅠㅠ

둘째는 전혀 예상하지 못한 결과가 나타났다. 내가 원한 '강북 학생이 강남에 있는 학원까지 와서 공부한다'는 결과가 강북 학생 15명 가운데 단 1명이었다는 사실! 이건 정말이지 당황스러웠다. 으아악~~ 이러면 내가 의도한 주제대로 기사를 쓸 수가 없는데…… 한마디로 큰일 났다. 어떻게 하지? 아예 다른 주제로 바꿔야 하나? 지금 상황으로는 내가 원했던 주제의 기사는 쓸 수 없다. 포기할 건 빨리 포기하자는 게 내 좌우명 아닌가.

엄마는 내가 흥미 있어 한 사실에 대해 리스트를 만들어 보라고 조언해 주셨다. 그 결과 드러난 것은 설문 조사에 참여한 30명의 학생 모두 방학 중에 학원을 다녔다는 점이다. 그리고 학생들의 대부분이 '사교육 때문에 시간이 없다'는 이유로 학교에서 방학 중에 실시하는 방과 후 학교를 수강하지 않았다는 거다. 그렇다면 내 기사의 최종 주제는 '중학생들의 방학 중 사교육 의존도의 심각성'이다!

설 문 지

서울 소재 중학생들의 방학 중 학습에 대한 설문

• 나이: ＿＿세 • 사는 곳(동까지 기재): ＿＿＿＿＿＿＿＿

이 설문지는 익명으로 작성하며, 어떠한 개인 정보도 유출시키지 않습니다.
기사 작성을 위한 설문이므로 솔직하게 답변해 주시면 감사하겠습니다.
해당하는 번호에 표시해 주세요.

1. 방학 중 다닌 학원의 개수는? 〔예체능도 포함, 과외는 제외〕

   ① 1~2개   ② 3~4개   ③ 5개 이상   ④ 없다

2. 방학 중 다닌 학원의 분포 지역은? 〔다니는 학원이 없을 경우 통과〕

   ① 대체로 현재 살고 있는 지역   ② 대체로 다른 지역

【강남의 경우】

2-1. 문항 2에서 ②로 답했다면, 구체적인 이유는 무엇인가? 〔직접 작성〕

【강북의 경우】

2-1. 문항 2에서 ②로 답했다면, 대체로 강남에 있는가?

   ① 그렇다 〔☞ 문항 2-2로 가세요!〕   ② 그렇지 않다 〔☞ 문항 3으로 가세요!〕

2-2. 구체적인 이유는 무엇인가?

   ① 친구들이 많이 가니까   ② 교육 내용이나 질이 더 높을 것 같아서

   ③ 기타 이유〔직접 작성〕:

3. 현재 다니는 학원을 알게 된 경로는? 〔다니는 학원이 없을 경우 통과〕

　① 직접 알아봄　② 부모님을 통해(부모님의 권유, 혹은 시켜서)

　③ 기타 이유〔직접 작성〕:

4. 방학 중 학교에서 진행하는 방과 후 학교를 수강한 적이 있는가?

　① 있다　② 없다

5. 문항 4에서 ②로 답했다면, 그 이유는? 〔중복 체크 가능, ①로 답한 경우
통과〕

　① 학원이나 과외 같은 사교육 때문에 시간이 없다

　② 공교육은 사교육보다 질이 떨어질 것이라고 생각한다

　③ 기타 이유〔직접 작성〕:

6. 학원이 나의 학업에 도움을 줄 것이라고 생각하는가?

　① 그렇다　② 그렇지 않다　③ 잘 모르겠다

7. 현재 구체적인 꿈이 있는가? 〔여기서 꿈이란 자기가 하고 싶어하는 일, 즉
직업을 뜻함〕

　① 있다　② 없다　③ 잘 모르겠다

※ 설문에 참여해 주셔서 감사합니다.

1. 방학 중 다닌 학원의 개수는?

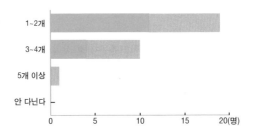

2. 방학 중 다닌 학원의 분포 지역은?

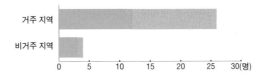

* 비거주 지역 응답자 4명 가운데,
- 강북 학생이 3명. 학원의 위치가 강남 지역인 학생은 1명으로, 이유는 엄마의 권유.
- 강남 학생 1명은 이사했기 때문이라고 응답함.

3. 현재 다니는 학원을 알게 된 경로는?

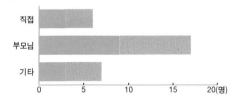

* 기타 이유
- 강북 학생 3명 중, 친구의 권유가 2명, 부모님과 응답자 본인 둘 다에 해당하는 경우가 1명.
- 강남 학생 4명 중 친구의 권유가 3명, 전에 다니던 학원 추천이 1명.

4. 방학 중 학교에서 진행하는 방과 후 학교를 수강한 적이 있는가?

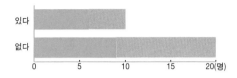

5. 문항 4에서 ②로 답했다면 그 이유는?

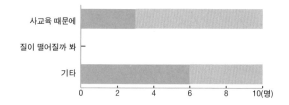

* 기타 이유
  시간이 없어서, 그냥, 1학기 진도만 나가서,
  학교 수업과 같고 너무 대충일 것 같아서 등이 있음.

6. 학원이 나의 학업에 도움을 줄 것이라고 생각하는가?

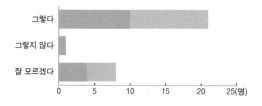

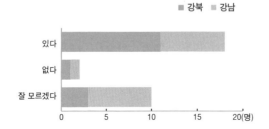

7. 현재 구체적인 꿈이 있는가?

■ 강북 ■ 강남

있다

없다

잘 모르겠다

0　　5　　10　　15　　20(명)

3월 **5**일

주제의 방향이 많이 바뀌었고 그에 따른 자료가 있으니 굳이 인터뷰가 필요할 것 같지 않았다. 설문 조사 통계 결과만 가지고 바로 기사 작성을 시작하기로 했다. 이제부터가 본선이고 실전이다. 파이팅!

3월 **6**일 ~ **7**일

기사 작성하는 게 이렇게 어려울 줄이야. @.@;; 새삼스레 이상호 기자님이 예전보다 훨씬 더 존경스러워진다.

3월 **8**일

드디어 기사 작성을 마무리했다! 주변 사람들의 의견을 듣고 수정한 부분도 많고 엄청나게 오랜 시간이 걸린 기사이기는 하지만, 그래도 나 스스로 기사를 썼다는 점이 너무 행복하다! ^^

중학생들 방학 중 사교육 의존도 커…
대부분 수동적인 선택

중학생들의 대부분이 방학 중에 학원을 다니지만 학교에서 진행하는 방과 후 학교는 약 30퍼센트 정도의 학생들만 이용하고 있는 것으로 나타났다.

이러한 결과는 서울 강남의 숙명여자중학교와 강북에 있는 중암중학교의 학생들을 대상으로 겨울방학이 끝난 후 시행한 설문 조사에서 나타났다. 이 설문 조사는 방학 중 학생들의 사교육 실태를 조사하기 위해 시행되었는데 각각의 학교에서 15명씩, 총 30명을 대상으로 실시되었다.

우선 설문에 참여한 30명 전원이 방학 중에 학원을 다녔다는 점이 놀랍다. 이러한 결과는 학교에서 실시하는 '방학 중 학교에서 진행하는 방과 후 학교를 수강한 적이 있는가?'라는 질문에 대해 전체 약 70퍼센트에 해당하는 20명이 '없다'라고 대답한 것과는 굉장히 대조적인 모습이라고 할 수 있다.

방학 기간에도 사교육 열기는 식을 줄 몰랐다. 그렇다면 과연 왜 대부분의 학생들이 공교육을 선택하지 않은 것일까? 방과 후 학교를 듣지 않았다고 한 20명의 학생들 가운데 50퍼센트에 해당하는 10명의 학생들은 '학원이나 과외 같은 사교육 때문에 시간이 없다'고 그 이유를 말했다. 나머지 10명은 '학교 수업과 같을 것 같아서' '너무 대충일 것 같아서' '학교 진도

만 나가서' 등의 이유를 제시했다. '공교육은 사교육보다 질이 떨어질 것이라고 생각한다'라는 답변에는 아무도 응답하지 않은 것을 보면, 학생들이 공교육에 대한 기본적인 신뢰가 없는 것은 아닌 것으로 나타났다.

그렇다면 여기서 학생들이 방학 중 학원을 다니게 된 경로를 살펴보자. 30명 중 17명은 '부모님을 통해(부모님의 권유, 혹은 시켜서)'라고 대답했으며, 7명은 '친구를 따라서' '전 학원의 추천'이라고 답했다. 학생이 직접 알아보고 학원을 다니게 된 경우는 전체의 20퍼센트에 해당하는 6명에 지나지 않았다. 대부분의 학생들이 수동적으로 사교육 방식을 선택하고 있는 것으로 보인다.

'학원이 나의 학업에 도움을 줄 것이라고 생각하는가?'라는 질문에 30명의 학생 중 9명은 '아니다' 혹은 '잘 모르겠다'라고 대답했다. 자신의 학업에 실질적 도움이 되는지 잘 모르더라도, 사교육은 학생들에게 이미 일상이 돼 버렸다.

2009년 3월 8일 전혜윤 기자

to.
혜윤에게

혜윤이는 글쓰기에 참 소질이 있는 친구구나. 네 취재 일기에는 머릿속에 좋은 생각을 떠올려 그것을 키워 나가는 과정이 아주 흥미롭게 그려져 있어. 2월 1일에서 2월 3일까지의 취재 일기를 보면 이야기의 공간을 세우고 줄거리를 이끌어 가는 활력이 넘쳐. 이거 아주 부러운데? 앞으로 큰 재목이 될 테니 계속 열심히 글을 쓰길 바라.

2월 11일자 취재 일기는 이번 기사의 목적의식이 제법 분명해진 점이 눈에 띄네. 과다 경쟁 교육의 실태를 고발하겠다는 '야심 찬' 의도가 드러나 있더라고. 현실을 그대로 받아들이지 않고 더 나은 대안을 위해 문제점을 지적해 보겠다는 어린 후배 기자의 예쁜 마음을 보고 이 선배는 적잖은 감동을 받았단다. 언론의 사회 감시는 고발하는 마음에서부터 자라나고, 고발하는 마음은 사람과 사회에 대한 따뜻한 애정에서 나온다는 점을 늘 잊지 않길 바라. 물론 따뜻함을 잃지 않기를 바라고.

그럼 본론으로 넘어가 볼까? 기사 작성을 위한 설문지도 대체로 충실히 잘 만들었더군. 강남의 학원 수강 과열 현상도 짚어 냈고.

'포기할 건 빨리 포기하자는 게 좌우명'이라고? 하하, 씩씩한 혜윤이의 적극성이 엿보이는 대목이야. 하지만 '과연 그것이 포기할 만한 것인지'를 꼭 한 번 더 생각해 보는 버릇을 가지라고 부탁하고 싶어. 그런데 이번 기사 작성 중 혜윤이가 선택한 '포기'는 꽤 시의적절했다고 봐. 미리 생각해 둔 게 있어도 그것은 실행 과정에서 늘 달라지지. 그게 취재의 묘미야. 사전에 세운 예측치가 달라졌을 때 좋은 기자는 과감하게 자신의 선입견을 조정하고 현실과 사실을 반영한 기사를 작성하지. 기사는 생물과 같아서 늘 바뀌거든. 다만 자신의 예상과 현실의 차이가 왜 발생했는지, 그 차이에는 어떤 의미가 있는지 분석할 줄 알아야 해. 그게 바로 기사를 끌고 가는 이야기를 구성하기 때문이지. '이러이러할 줄 알았던 문제가, 취재 결과 저러저러한 것으로 나타났습니다.' 하는 식으로 기사를 작성하면 시청자 혹은 독자 들이 기사를 이해하기가 더욱 쉬울 테니까 말이지.

기사의 최종 주제가 '중학생들의 방학 중 사교육 의존도의 심각성'으로 결정됐더군. 아주 심각하면서도 시의적절하고 관심을 끌만한 사안이야. 기사 구성만 적절하다면 나는 이 기사를 주요 기사로 배치해서 시청자와 독자 들에게 보이고 싶은 마음이 들어. 이제 기사를 검토해 볼까?

역시…… 기사도 재미있군. 아주 좋아. 기사의 '리드'(lead), 즉 도입부에 방과 후 학교 참석률이 저조한 측면을 톱으로 치고 나갔더군. 혜윤이가 가장 중요하다고 본 대목이겠지. 좋아, 인정해. 사실 나도 동의해.

다만 두 가지를 지적해 두고 싶어. 문장이 조금 '차가워'지면 좋겠어. 혜윤이의 색깔이 드러나는 표현이나 구성을 나무라고 싶지는 않지만, 자칫 그런 점 때문에 기사가 가볍게 느껴질 수도 있거든. 물론 사건을 직접적으로 설명하는 '스트레이트'(straight) 기사보다, 기자가 체험한 이야기로 흥미 있게 접근하는 '피처'(feature) 기사에서는 가볍고 개성 있는 표현이 더 용납될 수도 있지. 하지만 혜윤이가 쓴 기사는 스트레이트 기사니까 '놀랍다'라든가 '굉장히' 같은 표현은 다른 단어로 대체되는 편이 좋겠어.

둘째로 혜윤이 기사에서 '공교육과 사교육의 관계'에 대한 질문이 아주 인상적이었어. 그런데 학생들이 방학 중에 공교육을 얼마나 선택했는지, 만일 공교육을 대부분 선택하지 않았다면 그 이유는 과연 무엇인지에 대해 깊이 있는 분석이 이뤄지기를 바랐거든. 그건 아주 중요한 문제니까. 그런데 결과는 그렇지 못한 것 같다.

'① 학원이나 과외 같은 사교육 때문에 시간이 없다'와 '② 공교육은 사교육보다 질이 떨어질 것이라고 생각한다'는 논리적으로 볼 때 나란히 제시할 수 있는 답변이 아니거든. 즉 ①과 ②는 동질의 답변이 아니라 서로 인과 관계에 있는 변수들이야. ② 때문에 ①이라는 현상이 목격되는, 즉 원인과 결과의 관계에 있다는 것이지.

따라서 설문 답변 중 ①을 빼고 사교육을 선택한 이유로 좀 더 다양한 지문들을 제시했어야 해. 설문지를 이용한 취재의 경우, 현상에 대한 사전 취재를 충분히 해서 그걸 설문지에 반영해야 한다는 사실을 잊지 말길 바라. 그랬다면 여론조사 결과, 더 재미있는 분석을 할 수 있었겠지?

그래도 나는 혜윤이의 기사를 높이 평가해. 초보 기자가 고민하게 되는 많은 것들이 잘 녹아 있으니 말이야. 머지않아 진짜 기자가 된 혜윤이의 멋진 기사를 볼 수 있기를 기대하며 혜윤이와 나눈 즐거운 대화를 마칠까 해. 그럼 안녕.

이상호 기자가

임세진의 기자 체험기

1월**22**일

내가 직접 기자가 되어 취재 일기를 쓰고 기사도 작성해야 한다. 2주 정도 시간이 있다. 평소 언론 쪽에 관심이 많고 꿈이 기자인 나에겐 더할 나위 없이 좋은 기회고 경험이다. ^^*

그런데 뭘 어떻게 시작해야 하지?

1월**28**일

음, 일단 기사 주제부터 정해야겠다.

뭐가 좋을까? 무거운 주제는 싫다. 내 나이에 맞게, 내 주변에서 찾아볼 수 있는 이야기를 주제로 하고 싶다.

나는 이번 겨울방학 때 두 개의 캠프에 다녀왔다. 엄마가 권유하긴 했지만 선택은 내가 했다! ^^;; 그런데 캠프를 가더라도 엄마 때문에 억지로 가거나, 반대로 가고 싶긴 한데 캠프 정보를 어디서 어떻게 얻는지 몰라 고민하는 친구들이 주위에 많다. 나는 그 친구들이 캠프에 능동적으로 참여할 수 있도록 도와주고 싶다. 또 방학 때면 학교 대신 학원에 가기 바쁘고 온종일 공부하는 데 시간을 보내는 친구들에게 공부보다 더 큰 깨달음을 주는 것이 있다는 걸 알려 주고 싶다.

그래, 주제는 '방학 중 이루어진 다양한 청소년 캠프'로 정했다!

1월 29일~2월 1일

와~! 이제 주제를 정했으니 어떻게 취재할지 계획을 세워야겠지?

● **취재 계획**

1. 기사 취재 방법

　① 방학 중 이루어진 다양한 캠프를 조사한다.

　　: 스키 캠프, 경제 캠프, 봉사 캠프, 영어 캠프 등.

　② 여러 캠프에 참여한 친구들을 대상으로 인터뷰한다.

　　: 인터넷 메신저를 통한 조사 및 개별 면담 조사.

　③ 내가 다녀온 캠프에 대한 정보와 사진 자료 등을 이용한다.

　　: 캠프에서 사귄 친구와 선배에게 캠프에 대한 의견을 듣고, 이때 찍은 사진 정리.

2. 기사 내용

　• 캠프의 의의

　• 캠프의 종류

　• 캠프를 통해 얻을 수 있는 점

　• 방학 중 열리는 캠프에 대한 정보를 얻을 수 있는 방법

2월 2일

오늘은 먼저 이번 겨울방학 때 열린 캠프들을 알아보기로 했다.

● **캠프의 종류**

- 학습 캠프: 영어 캠프, 스키 캠프, 보드 캠프, 사서 독서 학습 캠프 등.
- 체험 활동 캠프: 청학동 겨울방학 캠프, 해외 문화 체험 캠프, 민속 체험 캠프, 예술 체험 캠프 등.
- 육체적인 활동 캠프: 국토 대장정 캠프, 자원 봉사 캠프 등.

2월 3일~10일

앗, 계획에 차질이 생겼다. 내가 다녀온 캠프 말고 다른 캠프에 참가한 친구들이 있는지 찾아보려고 했는데, 어째 주위에 그런 친구들이 없다. 정말 나는 최선을 다했다! 다들 방학 동안 공부만 했나? 아무래도 다른 캠프 참가자들을 대상으로 한 인터뷰 조사는 못 할 것 같다. ㅠㅠ

2월 11일

이상호 기자님으로부터 기사 주제와 취재 계획에 대한 의견을 메일로 받았다.

기자님은 왜 이 주제를 선택했는지 이유를 적어 주었다면 좋았겠다고 하셨다. 그래야 이 기사를 취재하도록 할지 말지 편집 책임자가 판단할 수 있다고. 에고~ 그걸 빠뜨렸네. 나중에 취재 일기를 보시면 아시겠지. ^^;;

하지만 캠프가 이미 학생들 사이에 중요한 방학 중 활동으로 굳어진 느낌이라며 재미있는 정보가 담길 것 같은 기대가 든다고 격려도 해 주셨다.

그리고 하나 더, 다양한 캠프를 소개해 주는 것도 좋지만, 새롭고 재미있는 캠프 한두 개를 소개하고 그것의 장단점을 거론하면 더욱 좋겠다고 하셨다. 울며 겨자 먹기로 내가 참여한 캠프를 중심으로밖에 쓸 수 없게 되었는데 이걸 불행 중 다행이라고 해야 하나?! ㅡ.ㅡ;;

2월 12일~15일

내가 다녀온 "희망찬 세상 Let's go together!" 캠프(1월 14일~16일)와 "2009 생활 체육 청소년 스키 캠프"(1월 20일~22일)에 대해 정리해 보았다.

먼저, 서울특별시립서울청소년수련관 홈페이지에 접속해 "희망찬 세상 Let's go together!"와 관련한 정보를 찾아보았다. 직접 참가했지만, 기억이 가물가물해 정확한 사실 정보를 얻기 위해서다. 덤으로 얻은 정보도 있다. 굳이 방학 때가 아니라도 체험하고 봉사할 수 있는 다양한 프로그램이 운영되고 있다는 것.

그다음 서울시생활체육협의회 홈페이지에 접속해 스키 캠프 정보도 찾아보았다.

그 밖의 정보 정리

- **Let's go together!**
1. 땔감을 구하러 산에 가고, 어린 허브 목초 심기, 잡초 뽑기 등을 함.

2. 이 허브 농장에서는 장애우들만 일한다고 했음. 보통 사람들보다 시간이 좀 걸릴 수는 있지만, 단순한 작업이라 장애우들이 꾸준히 일할 수 있다고 함. 이곳 말고도 여러 곳에서 장애우들에게 일자리를 주면 좋겠다고 생각함.

3. 모둠 전체가 동시에 일어나기, 눈을 가리고 과자 먹기, 발로 이름 쓰기, 말하지 않고 의사 전달하기 등의 장애 체험을 함. 장애우들이 겪는 불편함을 다시금 생각하게 되었고, 앞으로 이들을 더 많이 이해하고 도와주겠다는 다짐을 함.

4. 새 친구도 사귀고, 봉사 시간도 받음.

● **스키 캠프**

1. 성수기라 사람이 많아 장비를 받는 데 시간이 오래 걸림.

2. 조별로 강습 선생님이 배치되어 기본자세를 배움. 2박 3일간 초급, 중급 순으로 단계별 프로그램 진행.

그리고 나서 내가 직접 캠프에서 찍은 사진들을 찾아보았다. 컴퓨터에 저장해 둔 것 중에 기사에 쓸 만한 사진들을 골라 정리했다.

2월 16일~22일

오늘은 나와 함께 캠프에 참여한 친구들을 개별적으로 인터뷰했다. 시간이 맞지 않아 직접 만나는 대신 문자와 전화와 메신저를 통해 인터뷰를 진행했다. 미리 만들어 놓은 질문지를 보면서 했는데도 인터뷰를 끝내고 나서야 좋은 질문들이 떠올라 새삼 다시 물어보기도 했다. 아직 기자로서 철저히 준비되지 못한 탓이다. ㅠㅠ

인터뷰 내용 정리 -

"Let's go together!" 참가 3인 인터뷰

1. 캠프를 통해 얻은 것은 무엇인가요?

유영식 오빠(고2): 좋은 사람과 봉사 활동의 소중함.

ㅇㅇㅇ(중2): 새 친구.

강다예(중2): 봉사의 소중함과 장애인에 대한 선입견을 없앰.

2. 지금까지 참가한 캠프의 횟수는 어느 정도인가요?

유영식 오빠(고2): 4~5회.

ㅇㅇㅇ(중2): 10회 이상.

강다예(중2): 10회 이상.

3. 어떤 방법으로 신청했나요?

유영식 오빠(고2): 아는 아줌마가 정보를 줌.

ㅇㅇㅇ(중2): 엄마의 추천.

강다예(중2): 전화 또는 인터넷 사이트, 카페 참고.

스키 캠프 참가 2인 인터뷰

1. 캠프를 통해 얻은 것은 무엇인가요?

   박ㅇㅇ(중2): 새 친구와 새로운 경험.

   박정현(중2): 친구.

2. 지금까지 참가한 캠프의 횟수는 어느 정도인가요?

   박ㅇㅇ(중2): 8회 이상.

   박정현(중2): 7회(학교에서 6회).

3. 어떤 방법으로 신청했나요?

   박ㅇㅇ(중2): 엄마의 추천.

   박정현(중2): 엄마의 권유, 학교 가정통신문.

4. 앞으로 생겼으면 하는 캠프 또는 가고 싶은 캠프는?

   박ㅇㅇ(중2): 자원봉사 캠프, 여름 캠프.

   박정현(중2): 레포츠 캠프.

그래도 내가 처음 의도한 기사 내용과 친구들과 인터뷰한 내용이 일치한 것 같아 다행이다. ₩*

이제 취재는 끝났다. 부족한 내용은 추가 취재를 통해 보충해 가며 기사를 써야겠다. 파이팅!

2월 23일

아, 기사를 쓰는 게 꽤 어렵다. 지난번 드림캠프 때는 그날 경험한 사실을 있는 그대로 쓰는 거여서 순식간에 써 내려갔는데, 이번 기획 기사는 어떤 방식으로 쓸지 고민된다. 딱딱하지 않으면서 인터뷰의 생생함을 살릴 만한 방법이 없을까? 새로운 시도를 하고 싶은데…… 어디서 봤더라? 신문을 보니 인터뷰한 그 모습 그대로 묻고 답하는 형식의 기사가 있던데, 나도 그런 형식으로 기사를 써 봐야지~~

2월 27일

드디어 다 썼다! *^^*

점점 다양해지는 청소년 캠프!
능동적 참여가 중요해

어떻게 하면 긴 겨울방학을 좀 더 알차고 보람 있게 보낼 수 있을까? 아침부터 늦은 밤까지 학원에 다니며 새 학년을 준비하는 것이 당연하게 여겨지는 요즈음, 여기 여러 캠프에 참가하면서 자아를 찾고 새로운 에너지를 얻으며 새 학년을 준비한 친구들이 있다. 기자는 2009년 1월 14일부터 16일까지 열린 "희망찬 세상 Let's go together!" 캠프와 1월 20일부터 22일까지 실시된 "2009 생활 체육 청소년 스키 캠프"에 참여한 친구 4명을 만나 보았다.

기자 안녕하세요? "Let's go together!"와 스키 캠프에 참여하셨는데, 캠프를 통해 얻은 것이라면 무엇이 있을까요?

유영식 군(고2) 네, 좋은 사람들을 알게 되고 봉사 활동의 소중함도 깨달았어요.

강다예 양(중2) 저도 그랬어요. 그리고 이번에 제가 자원 봉사를 한 곳에서 일하는 장애우들을 보면서 그들에 대한 선입견을 없앨 수 있었어요.

박○○ 양(중2) 저는 무엇보다 친구들을 사귈 수 있어서 좋았어요. 새로운 경험도 할 수 있고요.

박정현 양(중2) 저도 새 친구를 만나고 사귈 수 있었다는 점이 제일 좋았던 것 같아요.

기자 이번 캠프 같은 자원봉사 캠프나 또 다른 캠프에 참여하신 적이 있나요?

유영식 군(고2) 너덧 번은 될 것 같아요.

강다예 양(중2) 아마 열 번 이상은 될걸요.

박○○ 양(중2) 8회 이상 참여했어요.

박정현 양(중2) 7회 정도 참여했는데, 그중 여섯 번이 학교에서 간 캠프였어요.

기자 와~ 모두 그렇게 많이 참여해 봤다면 분명 캠프에 대한 정보를 얻는 방법이 따로 있을 듯한데…… 어떤 방법으로 신청했나요?

유영식 군(고2) 보통 아는 아줌마께 정보를 얻어요. 물론 선택은 제가 하죠.

강다예 양(중2) 저는 전화나 인터넷 사이트, 카페 등을 참고해요.

박○○ 양(중2) 저는 엄마가 어디서 알아 오셨는지 말씀해 주시면 듣고 신청해요. 뭐, 엄마가 얘기해서 가게 됐지만, 대부분 정말 좋았어요. 앞으로는 제가 먼저 알아보려고요.

박정현 양(중2) 엄마가 권유해 주시는 것도 있고, 학교 가정통신문을 보고 신청해요. 하지만 억지로 가는 건 싫어요.

기자 아, 그래요. 한 번 가서 뜻깊은 경험을 한 친구들은 그 뒤로 자기한테 맞는 캠프를 스스로 찾아보게 되는 것 같군요. 이미 여러 캠프를 다녀왔지만 앞으로 생겼으면 하는 캠프나 가고 싶은 캠프가 있나요?

강다예 양(중2) 여행하는 캠프요. 가방 하나 매고 여러 곳을 돌아다니는 그런 캠프에 참가하고 싶어요. 국토 대장정 같은……

박○○ 양(중2) 저는 자원봉사 캠프에 또 가고 싶어요. 여름방학에는 여름 캠프도 가고 싶고요.

박정현 양(중2) 저는 레포츠 캠프요.

이 밖에도 학습 위주의 캠프로는 영어 캠프, 사서 독서 학습 캠프, 체험 활동 위주의 캠프로는 민속 체험 캠프, 예술 체험 캠프, 육체적인 활동 위주의 캠프에는 국토 대장정 캠프 등이 있다.

이처럼 많은 캠프가 주최되는 가운데, 다가오는 여름방학에는 자신이 관심 있고 참여해 보고 싶은 캠프에 누구의 권유가 아닌 스스로 나서서 한 번쯤 참가해 보는 것이 어떨까? 어쩌면 반복되는 일상에서 공부보다 소중한 인생 경험을 하고 돌아올지도 모른다. 자원봉사 캠프의 경우, 참여한 청소년들에게 봉사 시간을 주기 때문에, 따로 시간 내어 봉사 활동을 하지 않고도 봉사 시간을 채우고 친구도 사귀고 새로운 경험도 해 보는 일석삼조의 효과를 볼 수 있다.

2009년 2월 27일 임세진 기자

to.
세진에게

세진이의 취재 일기를 보면서 '글이 어쩜 이렇게 글쓴이의 용모와 닮을 수 있을까.' 하고 생각했어.

단정하고 예쁜 세진이 얼굴이 떠올라 재미있게 잘 읽었단다. 특히 1월 28일 일기에는 '고민하는 친구들'에게 '도움이 되는' 취재를 해 보겠다는 고운 마음이 잘 드러나 있더라고. 기사는 그걸 작성한 사람의 뜻에 따라 사람들을 행복하게 만드는 경우가 많지만, 의도와 달리 사람들에게 상처를 줄 수도 있어. 그래서 기자가 얼마만큼 '선의'와 '애정'을 가지고 취재를 시작했는지가 참 중요해. 그런 점에서 세진이의 속 깊은 이타심은 좋은 기자로서 아주 근사하게 출발할 가능성을 보여 주었어.

기사를 구성하는 데 가장 중요한 단계를 꼽자면 충분한 사전 취재야. 그런데 일기를 보면 다양한 캠프를 다녀온 학생들을 찾아 그들의 경험을 깊이 있게 듣겠다는 기자의 끈기 있는 노력이 좀 부족하지 않았나 싶어. 이 글을 쓰다가 인터넷에 접속해 '방학'과 '캠프'를 검색어로 동시에 입력해 보니까, 검색 결과가 꼬리에 꼬리를 물고 나오더라고. 캠프에 다녀온 학생들의 기행문과 소감도 많고 캠프를 준비한 선생님들의 연락처도 상세하게 나와 있어서 그들 중 아무하고라도 전화나 이메일로 연락해 재미있는 인터뷰를 할 수 있었을 텐데, 세진이 생각은 어때?

2월 12일부터 15일까지의 일기는 아주 좋았어. 자신의 경험을 취재로 보고 그것으로 기사를 쓰겠다고 한 것은 충분히 타당한 생각이야. 다만 자신의 경험을 기사로 옮길 때는 객관성을 지키기 위해 끊임없이 노력해야 한다는 걸 꼭 기억해야 해.

기자의 최고 덕목은 무엇일까? 어떤 점이 한 사람을 좋은 기자로 만들까? 많은 답변이 있겠지. 세진이는 그게 무엇이라고 생각해? 나는 무엇보다 '열린 마음'이 가장 중요하다고 봐. 모든 기득권과 관행과 금기로부터 자유롭게, 인간에 대한 사랑만을 추구하려는 마음이 바로 내가 생각하는 '열린 마음'이야. 인간애를 기반으로 한 원칙과 상식을 가지고 사고하는 것은 열린 마음을 갖기 위한 기본적인 태도지.

기자가 된다는 것은 어쩌면 끊임없이 익숙한 것들로부터 자기 자신을 낯설게 만들고, 자기가 가진 것들을 자꾸 내려놔야만 하는 고통을 동반하기도 해. 돈이나 명예, 기득권을 내려놓기도 어렵겠지만, 내려놓기 가장 어려운 것은 아마 자신의 잘못된 생각일 거야. 정확하지 않은 판단을 했거나 생각을 잘못했을 때는 서슴지 않고 빨리 그걸 고백하는 게 중요해. 기자의 독선은 개인의 무지에서 그치는 게 아니라, 많은 사람들에게 잘못된 정보를 전달할 수 있기 때문에 아주 위험하단다. 그런 점에서 2월 16일부터 22일까지의 경험이 세진이에게 유익한 것이었기를 바라. 자신의 오류를 바로 수정한 것 말이야. 나도 늘 인터뷰를 마친 뒤에야 좋은 질문이 생각나고는 하거든. 우리는 오류를 통해 강해져. 실패를 통해 배우는 게 인생이지. 세진이가 준비 부족을 시원하게 반성하고 앞으로 더 잘해 보겠다고 다짐하니까 아주 든든하고 대견하다.

이제 기사를 좀 살펴볼까? 인터뷰 형식의 기사를 재미있게 잘 읽었어. 기사 덕분에 요즘 중학생들이 참가하는 방학 캠프의 일단과 스키 캠프의 내용을 알 수 있었어. 다만 유영식, 강다예 등 인터뷰에 참여한 친구들에 대해 간단히 소개했다면 좋았을 거라는 아쉬움이 있어. 캠프에 참여하게 된 계기도 좀 궁금하고 말이야.

훌륭한 기사의 마지막 줄에 기자 이름 넣는 것을 '바이라인'(by-line)이라고 하지. 기자의 이름을 마지막에 넣는 것은 그만큼 기사가 훌륭하다는 뜻이야. 그래서 모든 기자가 기사의 말미에 자기 이름을 넣어도 부끄럽지 않은 기사를 쓰려고 노력한단다. 세진이의 바이라인이 들어갈 다음 기사를 기대해 본다.

이상호 기자가

대한민국 특산품 오마이뉴스

오연호 지음, 휴머니스트 2004

모든 시민이 기자가 되는 한 인터넷 신문의 이야기

「오마이뉴스」는 2000년 2월 22일 시민기자제를 도입해 창간한 인터넷 신문이다. 「오마이뉴스」에는 누구나 기자가 되어 기사를 올

릴 수 있다. 그렇게 올라온 기사가 편집부의 판단에 따라 공식 기사로 인정되면 원고료가 주어진다. 이 책은 「오마이뉴스」의 오연호 대표가 「오마이뉴스」를 창간하기까지와 운영하면서 겪은 일들을 쓴 책이다. 인터넷이 출현해 우리가 사는 세상이 어떻게 바뀌고 있는지, 그에 따라 언론인은 어떻게 대응해야 하는지를 생각해 보게 한다.

산토 아리코 지음, 아테네 2005

기자 오리아나 팔라치의 치열했던 삶을 보여주는 책

이탈리아 피렌체 출신인 오리아나 팔라치는 '제압당하지 않는 인터뷰'로 유명한 언론인이다. 숀 코너리 같은 영화배우는 물론, 달라이 라마, 헨리 키신저, 빌리 브란트, 야세르 아라파트, 이란의 팔레비 국왕과 아야톨라 호메이니, 레흐 바웬사 등 논쟁과 분쟁의 중심에 선 사람들을 만나 어떤 상황에서도 해야 할 질문을 하고 대답을 받아 내고야 마는 '여전사'의 면모가 있었다. 그는 사람이 사람을 죽이는 광경을 일상적으로 지켜보며 10대를 보내고, 제2차 세계대전 중에는 반파쇼 레지스탕스에 참여했다. 전쟁이 끝나고는 기자 일과 공부를 병행했으며, 30대 말부터는 분쟁 지역 전문 기자가 되었다. 이 책은 20세기 최고의 여성 언론인으로 평가받고 있는 팔라치의 기사들, 팔라치가 쓴 네 편의 소설, 팔라치와

한 인터뷰를 통해 그녀의 삶과 저널리즘을 보여 준다.

워킹맨

안노 모요코 지음, 학산문화사 2006

일에 중독된 주간지 편집부 기자를 통해 기자들의 삶과 고민을 생생하게 전하는 책

히로코는 주간지의 편집부 기자로 자신이 완벽하게 납득할 때까지 파고들어 취재해야 직성이 풀리는, 소위 일 중독자다. 일단 취재가 시작되면 개인 생활이고 남자 친구고 휴식이고 모두 잊는다. 이런 히로코를 중심으로 주간지 편집부 내 다양한 사람들의 이야기가 펼쳐진다. 패션지에 가고 싶었지만 주간지에 배치되어 대충대충 일하는 신참 기자, 유명 인물들의 결정적인 장면을 포착하기 위한 잠복 취재의 달인인 사진기자, 취재할 때 귀여운 외모를 100퍼센트 활용하는 스포츠 담당 기자, 평소에는 어디 있는지 알 수 없다가 어려운 일이 생기면 나타나 든든한 힘이 되어 주는 편집장, 위험한 일은 요령 있게 잘 피하면서도 뛰어난 화술로 부하 기자들을 설득해 내는 데스크 등의 이야기를 통해 잡지사 사람들이 저마다 어떤 일을 하고, 어떤 고민을 하는지가 밀도 높게 그려져 있다.

여러분! 이 뉴스를 어떻게 전해 드려야 할까요?

한학수 지음, 사회평론 2006

황우석 교수 논문 조작 사건 취재기
황우석 교수 논문 조작 사건은 과학, 사회, 정치, 경제 전반에 걸쳐 여러 가지 문제점을 드러내 아직도 논쟁이 이어지고 있을 만큼 복잡한 사건이다. 이 책은 이 사건을 처음 세상에 알린 MBC 「PD수첩」의 한학수 PD가 당시 상황을 직접 쓴 것이다. 처음엔 인간 복제에 윤리적으로 어떤 문제가 있는지 조사하려고 취재를 시작했지만, 한 제보 때문에 취재는 전혀 다른 방향으로 나아가게 된다. 그 제보는 줄기세포를 만들어 내는 데 성공했다고 밝힌 황우석 교수의 논문이 사실은 조작이었다는 것이다. 이 책은 사건의 발단부터 결말까지 취재하는 과정에서 알게 된 사실들을

자세히 정리하고 있다. 이와 함께 처음 제보를 받은 순간 가졌던 '상식의 저항', 의혹을 검증하는 과정에서 느낀 두려움, 진실을 덮으려는 온갖 방해 공작, 황우석 교수 지지자들의 항의, 취재가 강압적으로 이루어졌다는 비난, 보도에 대한 대통령의 부정적인 논평 등 진실을 밝히려는 언론인이 겪어야 했던 어려움이 잘 설명되어 있다.

기자로 산다는 것

고종석 외 지음, 호미 2007

권력과 자본으로부터 독립하기 위해 노력한 언론의 이야기

자신에게 불리한 기사를 빼 달라고 찾아온 국회의원을 문전박대하고, 소송과 살해의 위협을 가하는 조직폭력배들과 직접 만나 담판을 짓는 등 『시사저널』 전·현직 기자들의 무용담을 비롯하여 취재 현장과 편집국 이야기가 생생하게 담겨 있다. 또한 언론이 진실을 제대로 보도하기 위해서는 왜 권력과 자본으로부터 자유로워야 하는지 잘 설명되어 있다.

용기 있는 목소리

미렌 고트샬크 지음, 달리 2007

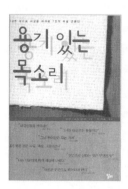

여성 언론인 7인의 삶을 다룬 책

미국, 체코슬로바키아, 독일, 이탈리아 출신 여성 언론인들의 기자 생활을 담은 책이다. 양차 세계대전을 생생하게 전한 미국 언론인 재닛 플래너와 마사 겔혼, 자신이 직접 겪은 나치의 파시즘을 알린 체코의 밀레나 예젠스카, 제2차 세계대전과 전후 독일의 정치 상황을 날카롭게 분석한 독일의 마리온 된호프, 남아프리카공화국의 인종차별을 고발한 독일 출신 루스 바이스, 무솔리니 시대 이탈리아의 억압적인 정치 상황을 세계에 알린 프랑카 마냐니, 여성의 권익을 위해 몸과 펜으로 싸운 독일의 알리스 슈바르처의 이야기가 들어 있다. 이 일곱 명의 기자가 살았던 시대와 환경 그리고 그 속에서 진실을 찾고 알리기 위해 그들이 언론인으로서 어떤 고민을 하고 어떤 신념을 지켰는지를 잘 알 수 있다.

미래의 저널리스트에게

새뮤얼 프리드먼 지음, 미래인 2008

「뉴욕타임스」의 명칼럼니스트가
청소년을 위해 쓴 저널리즘 입문서
저널리스트란 무엇을 해야 하며,
어떤 자질과 자세를 유지해야 하
는지 간결하고 깊이 있게 설명하
는 책이다. 더불어 취재 과정에서

유의해야 할 사항, 기사를 쓸 때 지킬 것과 버려야 할 것들,
성공적인 언론인으로 살아가는 데 필요한 자기 경력 관리
법 등이 상세히 소개되어 있다. 언론인이 되기를 꿈꾸는 사
람은 물론 언론과 사회에 관심이 많은 친구들 모두 읽어 보
면 좋을 책이다.

볼륨을 높여라

감독: 앨런 모일, 출연: 크리스천 슬레이터, 1990

고등학생의 고민과 의식을 전한
해적 방송의 강력한 힘
뉴욕에서 남부의 작은 시골 마을
로 전학 온 마크는 낮엔 말도 별
로 못 해 새로운 친구를 한 명도
사귀지 못하는 소심한 학생이다.

하지만 밤엔 무선통신 DJ가 되어 10대들이 공감할 다양한
이야기들을 적나라하게 쏟아 낸다. 그의 해적 방송은 곧 엄
청난 인기를 끌고 방송 내용이 학교 게시판에 붙어 소동을
일으키기도 한다. 그러던 어느 날 자살하겠다는 청취자의
전화를 받은 마크는 다음날 학교에서 그가 진짜 자살한 것
을 확인하고는 충격에 빠져 방송으로 격한 감정을 쏟아 낸

다. 이 방송을 들은 학생들은 가출을 하고 자기 집에 불을 지르는 등 갖가지 광란의 행동을 벌이기 시작하고, 결국 마크는 이 모든 광적인 행동의 배후 조종자로 몰려 경찰에 잡혀간다. 텔레비전이나 라디오, 신문을 통하지 않더라도 한 사람의 목소리가 여러 사람에게 알려져 동감을 얻으면 어떤 힘을 발휘하게 되는지를 잘 보여 준다.

페이퍼

감독: 론 하워드, 출연: 마이클 키튼, 로버트 듀발, 1994

생생한 신문 제작의 현장 이야기

뉴욕의 작은 신문사 편집자인 헨리는 어느 날 두 백인 사업가가 총에 맞아 숨진 사건을 접한다. 목격자에 의해 그 자리에 흑인 소년 둘이 있었다는 사실이 밝혀지면서 그 두 소년은 살인범으로 몰려 체포된다. 언론에서는 그 전에 일어난 흑인 살해 사건에 대한 보복 범행이라고 보도했지만, 헨리는 취재 과정에서 우연히 그 소년들이 무고하다는 경찰의 이야기를 듣는다. 입증할 수만 있다면 틀림

없이 특종이라는 생각에 정보 수집에 나선 헨리는 살해된 사업가들이 은행에서 일할 당시 마피아에게 수백만 달러에 달하는 손실을 입혔다는 사실을 밝혀낸다. 영화는 헨리의 살인 사건 취재 과정을 따라가며 편집장, 발행인, 주필, 헨리의 아내 등 신문사 내 다양한 사람들의 이야기를 함께 보여 준다. 취재 경쟁, 데드라인, 어려운 결정을 내려야 하는 급박한 상황 등 기자의 삶과 신문이 만들어지는 과정을 생생하고 재미있게 볼 수 있는 영화다.

왝 더 독

감독: 배리 레빈슨, 출연: 더스틴 호프먼, 로버트 드 니로, 1997

성추행 대통령을 재선시키기 위한 뉴스 만들기

미국의 대통령 선거를 12일 남겨 두고 현직 대통령이 백악관에 견학 온 여학생을 성추행하는 사건이 벌어진다. 대통령의 재선을 불가능하게 할 이 사건을 덮기 위해 정치 해결사와 할리우드 영화 제작자가 고용된다. 이들은 여론의 관심을 돌리기 위해 알바니아를 적대국으로 포장해 전쟁 위기를 고조하는 정보와 실감 나는 영상을 흘린다. 이에 따라 텔레비전 뉴스와 신문에서는 연일 폭격기 배치와 군대의 주둔지 이동에 관련된 소식이 보도되고 국민들은 전쟁이 일어날 것이라고 믿게 된다. 야당이 대통령의 성추행 사건을 들고 나오지만, 이는 다시 전쟁 영웅 조작 보도에 묻혀 버린다. 결국 대통령은 89퍼센트라는 높은 득표율로 재선에 성공한다. 이 영화는 거짓을 진실처럼 믿게 만들 수도 있는 언론의 막강한 힘을 코믹하게 보여 주며 언론의 양심과 책임감을 생각해 보게 한다.

인사이더

감독: 마이클 만, 출연: 알 파치노, 러셀 크로우, 1999

거대 기업의 숨겨진 비리를 폭로하는 PD의 이야기

미국 CBS의 인기 시사 프로그램 「60분」이 담배 회사의 거짓말을 폭로하는 내용을 방영하는 과정에서 일어난 실제 이야기를 바탕

으로 만들어진 영화다. 거대 담배 기업 브라운앤드윌리엄
슨의 부사장 위갠드 박사는 해고당한 뒤 법정에서 담배의
중독성에 대해 증언하고는 회사로부터 가족의 생계는 물론
목숨까지 위협받는다. 「60분」의 PD 버그먼은 위갠드 박사
의 증언으로 브라운앤드윌리엄슨의 비리를 폭로하는 프로
그램을 제작하지만, 소송을 두려워하는 방송국 이사진의
압력으로 방송이 지연되었다가 여러 부분이 삭제된 채 방
영된다. 프로그램을 살리기 위해 힘겨운 싸움을 벌이는 위
갠드 박사와 버그먼 PD의 이야기를 통해 진실을 알리는 언
론인의 싸움이 어떤 것인지를 잘 알 수 있다.

굿 나잇 앤 굿 럭

감독: 조지 클루니, 출연: 데이비드 스트레이선, 조지 클루니, 2005

1950년대 미국의 정치적 마녀사냥에 맞선 언론인 에드워드 머로의 이야기

1950년대 초반 미국에서는 조지
프 매카시 상원의원의 주도로 공
산주의자 색출이라는 미명 아래

광란의 마녀사냥이 시작되었다. 이 영화는 에드워드 머로
가 자신이 진행하던 뉴스 다큐멘터리 프로그램을 통해 언
론의 양심을 걸고 매카시와 정면 대결한 과정을 담고 있다.
영화의 제목 '굿 나잇 앤 굿 럭'(안녕히 주무십시오, 행운을 빕니다)
은 에드워드 머로가 프로그램을 끝낼 때 하던 인사말이다.

스테이트 오브 플레이

감독: 케빈 맥도널드, 출연: 러셀 크로우, 벤 애플렉, 2009

목숨을 걸고 진실을 좇는 구세대와

신세대 기자의 이야기

마약중독자와 피자 배달부 그리
고 콜린스 상원의원의 보좌관이
살해당하는 사건이 발생한다. 모
든 언론이 상원의원 보좌관의 살
해 사건만을 다루며 그가 상원의원의 숨겨진 애인이었다는
사실을 대대적으로 보도한다. 하지만 「워싱턴 글로브」의
매카프리 기자는 상원의원이 민간 군사 업체를 상대로 청
문회를 준비하고 있었다는 데 주목하고, 이 기업이 살인 사
건과 관련이 있을 것임을 직감한다. 그는 인터넷 블로그 기

자였던 프라이와 함께 사건을 파헤치기 시작하면서 점점 위험한 권력의 진실에 다가서게 된다. 이 영화는 권력의 진실을 파헤치는 일이 얼마나 위험한지를 잘 보여 준다. 또한 신문기자로 대표되는 구세대 언론인과 인터넷 블로거로 대표되는 신세대 언론인 사이의 다른 점을 통해 우리를 둘러싼 언론 환경이 어떻게 변하고 있는지를 재미있게 짚어 내고 있다.